쓰면 외워지는
중국어
필기노트

여행회화

쓰면 외워지는
중국어 필기노트: 여행회화

지은이 김미선
펴낸이 안용백
펴낸곳 (주)넥서스

초판 1쇄 인쇄 2015년 11월 5일
초판 1쇄 발행 2015년 11월 15일

출판신고 1992년 4월 3일 제311-2002-2호
04044 서울시 마포구 양화로 8길 24
Tel (02)330-5500 Fax (02)330-5555
ISBN 979-11-5752-550-8 13720

www.nexusbook.com
넥서스CHINESE는 (주)넥서스의 중국어 전문 브랜드입니다.

쓰면 외워지는
중국어
필기노트

김마선 지음

여행회화

玩儿得很开心。

일단 듣고

세번 쓰고
말해봐!

넥서스CHINESE

직접 말을 해 봐야 외국어 회화 실력이 는다는 것은 너무나 자명한 사실입니다. 하지만 눈으로 보고 입으로 따라 말하기를 반복하더라도, 공부한 문장이 잘 생각나지 않는 경우가 많습니다. 현실에서는 외국인과 직접 말해 볼 수 있는 기회가 흔치 않으니 금세 잊어버리게 됩니다.

"어떻게 하면 공부한 문장을 오래 기억할 수 있을까?"
이 책은 이런 현실적인 고민에서 출발했습니다.

고민의 답은 아이들이 처음 문자를 배우는 모습을 보면서 찾을 수 있었습니다. 아이들이 처음 '한글'을 배울 때 'ㄱ'이란 글자를 눈으로 보고, '기역'이라고 입으로 소리 내어 말을 하지요? 그리고 거기서 그치지 않고 노트에 연필로 'ㄱ'을 씁니다. 언어를 제대로 익힐 때는 이렇게 '쓰기' 과정을 꼭 거치게 됩니다. 언어를 제 것으로 만들려면 눈으로 읽고 입으로 말하는 것뿐만 아니라 '손으로 쓰는' 과정이 필요한 것입니다.
그러나 중국어는 쓰기까지 완벽하게 되기엔 어려움이 많습니다. 그래서 초보자들은 먼저 병음을 익히고, 소리에 익숙해지다 보면 글자는 서서히 알아가게 됩니다. 그래서 수준에 따라 병음을 쓰면서도 중국어와 익숙해질 수 있도록 했습니다.

9일 후
여행회화 200문장
통암기!

쓰면
외워진다!

손으로 쓰면서 공부하면 입으로만 외우는 것보다 훨씬 기억에
오래 남습니다. 손을 사용했을 때 우리의 뇌는 입력된 정보를 더
오래 기억하기 때문입니다. 익히고자 하는 문장을 손으로 쓰고
소리 내어 말해 보면 그 문장이 머릿속에 각인되어 온전히 내 것
이 됩니다. 특히 문장을 통암기할 때 '쓰면서 외우는' 학습법은
더 효과적입니다.

'듣고→쓰고
→말하기'의
3단계 학습

'쓰기'가 분명 암기에 도움이 되지만, 무작정 여러 번 쓴다고 해
서 그 문장을 외울 수 있는 것은 아닙니다. '듣기', '쓰기', '말하
기'의 세 박자가 잘 맞아야 합니다. 꼭 책에서 제시하는 3단계
학습법을 따라 해 주세요. 그냥 쓰기만 해서는 '손 고생'밖에 안
된답니다. 간단하고 쉬워 보여도 어떻게 하느냐에 따라 그 결과
는 달라질 것입니다. 제대로 학습한다면 하루 한 시간씩 9일 후
에는 여행회화 216문장을 통암기할 수 있게 됩니다.

이 책은 눈으로 보기만 하는 중국어 책이 아니라 여러분이 직접 쓰
면서 만들어가는 책입니다.
세상에서 하나뿐인 나만의 중국어 학습 노트를 만들어 보세요.

加油!

MP3 100% 활용법

듣기 귀찮으니 그냥 책만 보신다고요? 哎呀, 不要!
외국어 학습에서 음원 듣기는 필수(!)입니다. 책만 보고 무작정 쓰는 노가다는 이제 그만!
그래서 이 책은 '일단 듣기'와 '회화 연습' 두 가지 버전의 MP3 파일을 제공합니다.

 **일단 듣기**

우리말과 중국어 문장이 녹음되어 있습니다.
말 그대로 일단 먼저 들어 보세요. 책을 보지 않고 듣기만 해도 공부가 됩니다.

✓ **check point!**

☐ 원어민 발음을 확인한다.
☐ '이런 말을 중국어로는 이렇게 하는구나' 이해한다.
☐ 반복해서 듣는다.

 **회화 연습**

우리말 해석을 듣고 각자 중국어로 말해 보세요.
6초 후에 나오는 원어민 음성을 들으면서 중국어 표현을 확인합니다.

✓ **check point!**

☐ 제대로 외웠는지 확인한다.
☐ 원어민 발음에 가깝게 말하도록 반복 훈련한다.
☐ 우리말을 듣고 바로 중국어 표현이 생각나지 않는다면 다시 복습한다.

🖱 MP3 무료로 다운받기

1 **www.nexusbook.com**에서
도서명으로 검색하여 다운받으세요.

2 스마트폰에서 바로 듣기!
스마트폰으로 책 속의 **QR코드**를
찍어 보세요.

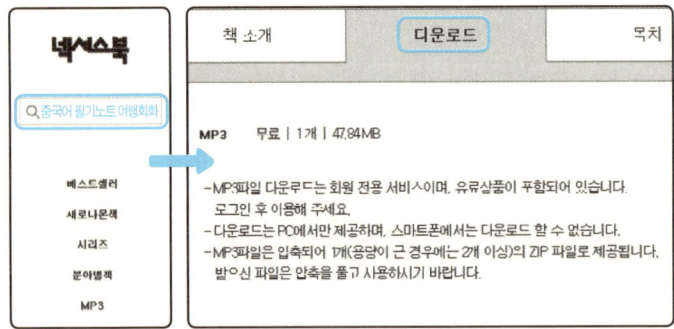

이 책을 미리 써 본
체험단의 학습 후기

 여러 나라를 여행해 봤지만 중국은 갈수록 색다릅니다. 말이 전혀 안 통하는 답답함이 있지만 한자 한 자를 써도 고개를 끄덕이는 시골 청년들이 어찌나 정겨운지. 그래서 비록 유창하진 않아도 한자라도 익혀 가고, 비슷한 발음이라도 말을 하려 애쓰면 애쓸수록 정말 무궁무진한 여행이 됩니다. ★ 박미경(여행작가)

공부라 생각하지 않고 꼭 필요한 한두 마디만 익힌다 생각하며 시작했습니다만 어렵지 않습니다. 여행을 가려는 목적이 있어서 그런지 비교적 쉽게 외워지고, 정말 하고 싶은 말만 모아 놓은 거 같아요. ★ 허은아(직장인)

 꼭 여행회화라기보다 일상적으로 두루두루 쓸 수 있는 표현이네요. 음원을 자꾸 들으니 친숙하기도 하고, 한 권의 칸으로는 쓰기가 모자라 연습장을 별도로 마련했네요. ★ 이규호(무역회사 사내기)

내년 봄에 아이와 중국 여행 갑니다. 바로 써먹을 수 있을 거 같아 마음도 설레고, 글자 익히는 데 재미가 새록새록 생겨납니다. ★ 김선희(주부)

 모처럼 연필로 쓰니 초등학생 같아요. 워낙 악필인데, 따라 그리기라도 하니 모양은 볼 만해요. 그림에는 소질이 있는 듯. 성격 급한 나에게는 매일 쓰는 분량을 지정하여 안성맞춤, 중국어를 마스터하는 그날을 위해. ★ 송민지(대학생)

중국어 배운 지 너무 오래되어 한자 하나도 생각 안 나는데...ㅠㅠ 새 마음으로 시작했어요. 내년에 중국 여행 갈 때는 친구 앞에서 한두 마디라도 해 보려고요. 꼭 필요한 표현만 익혔어요. 꿀잼! ★ 정효진(직장인)

공부하기 전에
준비할 것

이어폰

✽중요
열공 의지

휴대폰 (또는 MP3플레이어)
✽무료 MP3 다운받아놓기

쓰기 편한 필기구 하나
(연필, 볼펜, 색연필 등 아무거나)

공항으로 고고씽
티켓팅

일단 듣기　회화 듣기

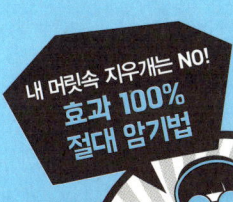

내 머릿속 지우개는 NO!
**효과 100%
절대 암기법**

일단 듣기 ➡ 쓰면서 자동 암기 ➡ 회화 연습

티켓팅

여행회화

STEP 1 일단 듣기

편도로 하시겠습니까, 아니면 왕복으로 하시겠습니까?

您要订单程还是往返?

Nín yào dìng dānchéng háishi wǎngfǎn?

001

이코노미석으로 하겠습니다.

我要经济舱。

Wǒ yào jīngjìcāng.

002

＊비즈니스석은 商务舱〔shāngwùcāng〕이라고 합니다.

도착 시각은 언제입니까?

什么时候抵达?

Shénme shíhou dǐdá?

003

＊抵达는 到达〔dàodá〕와 같은 말입니다.

다음 주 월요일 표로 예약하고 싶습니다.

我想订下周一的。

Wǒ xiǎng dìng xià zhōuyī de.

004

＊下周一는 下(个)星期一라고 표현할 수도 있습니다.

STEP 2 병음 2번, 중국어 3번 쓰기	STEP 3 말하기

✎ Nín yào dìng dānchéng háishi wǎngfǎn?

✎ 您要订单程还是往返？　　　　　　　　　　○○○

✎ Wǒ yào jīngjìcāng.

✎ 我要经济舱。　　　　　　　　　　　　　　○○○

✎ Shénme shíhou dǐdá?

✎ 什么时候抵达？　　　　　　　　　　　　　○○○

✎ Wǒ xiǎng dìng xià zhōuyī de.

✎ 我想订下周一的。　　　　　　　　　　　　○○○

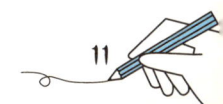

직항편이 있습니까?

有直飞航班吗?

Yǒu zhífēi hángbān ma?

005

베이징에서 인천으로 돌아옵니다.

从北京飞回仁川。

Cóng Běijīng fēihuí Rénchuān.

006

창가 쪽 자리로 주십시오.

我要靠窗的座位。

Wǒ yào kào chuāng de zuòwèi.

007

＊靠는 '기대다, 접근하다'의 뜻입니다.

영문 이름을 말씀해 주십시오.

请告诉我您的英文名字。

Qǐng gàosu wǒ nín de Yīngwén míngzi.

008

＊告诉는 이중목적어를 필요로 하는 동사입니다. 이 문장에서는 我와 您的英文名字가 목적어입니다.

| **STEP 2** 병음 2번, 중국어 3번 쓰기 | **STEP 3** 말하기 |

✎ Yǒu zhífēi hángbān ma?

✎ 有直飞航班吗?

✎ Cóng Běijīng fēihuí Rénchuān.

✎ 从北京飞回仁川。

✎ Wǒ yào kào chuāng de zuòwèi.

✎ 我要靠窗的座位。

✎ Qǐng gàosu wǒ nín de Yīngwén míngzi.

✎ 请告诉我您的英文名字。

세 번 쓰면 자동 암기

플라이트 넘버가 어떻게 됩니까?

航班号是多少?

Hángbān hào shì duōshao?

009

탑승 게이트는 어디에 있습니까?

登机口在哪儿?

Dēngjīkǒu zài nǎr?

010

탑승은 언제부터 합니까?

从什么时候开始登机?

Cóng Shénme shíhou kāishǐ dēngjī?

011

지금 비행기가 연착되고 있습니다.

现在飞机晚点了。

Xiànzài fēijī wǎndiǎn le.

012

＊晚点은 误点(wùdiǎn)이라고도 합니다.

STEP 2 병음 2번, 중국어 3번 쓰기	STEP 3 말하기

✎ Hángbān hào shì duōshao?

✎ 航班号是多少?

✎ Dēngjīkǒu zài nǎr?

✎ 登机口在哪儿?

✎ Cóng Shénme shíhou kāishǐ dēngjī?

✎ 从什么时候开始登机?

✎ Xiànzài fēijī wǎndiǎn le.

✎ 现在飞机晚点了。

여권을 보여 주십시오.

请出示您的护照。

Qǐng chūshì nín de hùzhào.

013

며칠로 변경하시겠습니까?

您要改到哪一天？

Nín yào gǎidào nǎ yì tiān?

*哪一天은 几号라고 표현할 수도 있습니다.

014

국적이 어디입니까?

您国籍是哪里？

Nín guójí shì nǎli?

015

탑승권을 제시해 주십시오.

请出示您的登机牌。

Qǐng chūshì nín de dēngjīpái.

016

STEP 2 병음 2번, 중국어 3번 쓰기	STEP 3 말하기

✏️ Qǐng chūshì nín de hùzhào.

✏️ 请出示您的护照。

Nín yào gǎidào nǎ yì tiān?

您要改到哪一天？

Nín guójí shì nǎli?

您国籍是哪里？

Qǐng chūshì nín de dēngjīpái.

请出示您的登机牌。

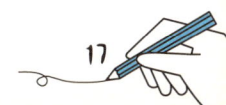

예약을 확인하고 싶습니다.

我想确认一下我的预订。

017

Wǒ xiǎng quèrèn yíxià wǒ de yùdìng.

＊一下는 동사 뒤에 쓰여 '시험 삼아 해 보다' 또는 '좀 ～하다'의 뜻을 나타냅니다.

비행기를 놓쳤습니다.

我没赶上飞机。

018

Wǒ méi gǎnshàng fēijī.

남방항공 CZ370편입니다.

南方航空的CZ370次班机。

019

Nánfānghángkōng de CZ sān qī líng cì bānjī.

＊선박, 항공편 등의 편수를 말할 때次를 사용합니다.

아직 자리가 있습니까?

还有位子吗?

020

Hái yǒu wèizi ma?

티켓팅

| STEP 2 병음 2번, 중국어 3번 쓰기 | STEP 3 말하기 |

✎ Wǒ xiǎng quèrèn yíxià wǒ de yùdìng.

✎ 我想确认一下我的预订。

✎ Wǒ méi gǎnshàng fēijī.

✎ 我没赶上飞机。

✎ Nánfānghángkōng de CZ sān qī líng cì bānjī.

✎ 南方航空的CZ370次班机。

✎ Hái yǒu wèizi ma?

✎ 还有位子吗?

비행기 표를 취소하려고 합니다.

我想取消航班。

Wǒ xiǎng qǔxiāo hángbān.

021

예약 번호를 알려 주십시오.

请告诉我您的预订号码。

Qǐng gàosu wǒ nín de yùdìng hàomǎ.

022

여기 있습니다.

给您。

Gěi nín.

023

이 짐은 부치겠습니다.

这个行李我要托运。

Zhège xíngli wǒ yào tuōyùn.

024

＊운송장은 托运单(tuōyùndān)이라고 합니다.

STEP 2 병음 2번, 중국어 3번 쓰기 ⟩ **STEP 3 말하기**

✎ Wǒ xiǎng qǔxiāo hángbān.

✎ 我想取消航班。 ●○○

〰️

✎ Qǐng gàosu wǒ nín de yùdìng hàomǎ.

✎ 请告诉我您的预订号码。 ○○○

〰️

✎ Gěi nín.

✎ 给您。 ○○○

〰️

✎ Zhège xíngli wǒ yào tuōyùn.

✎ 这个行李我要托运。 ○○○

이 말, 중국어로는 뭐라고 할까요? 다시 한 번 쓰면서 말해 보세요.

편도로 하시겠습니까, 아니면 왕복으로 하시겠습니까? Nín yào dìng dānchéng háishi wǎngfǎn?

이코노미석으로 하겠습니다. Wǒ yào jīngjìcāng.

도착 시각은 언제입니까? Shénme shíhou dǐdá?

다음 주 월요일 표로 예약하고 싶습니다. Wǒ xiǎng dìng xià zhōuyī de.

직항편이 있습니까? Yǒu zhífēi hángbān ma?

베이징에서 인천으로 돌아옵니다. Cóng Běijīng fēihuí Rénchuān.

창가 쪽 자리로 주십시오. Wǒ yào kào chuāng de zuòwèi.

영문 이름을 말씀해 주십시오. Qǐng gàosu wǒ nín de Yīngwén míngzi.

플라이트 넘버가 어떻게 됩니까? Hángbān hào shì duōshao?

✎

탑승 게이트는 어디에 있습니까? Dēngjīkǒu zài nǎr?

✎

탑승은 언제부터 합니까? Cóng Shénme shíhou kāishǐ dēngjī?

✎

지금 비행기가 연착되고 있습니다. Xiànzài fēijī wǎndiǎn le.

✎

여권을 보여 주십시오. Qǐng chūshì nín de hùzhào.

✎

며칠로 변경하시겠습니까? Nín yào gǎidào nǎ yì tiān?

✎

국적이 어디입니까? Nín guójí shì nǎli?

✎

탑승권을 제시해 주십시오. Qǐng chūshì nín de dēngjīpái.

✎

예약을 확인하고 싶습니다. Wǒ xiǎng quèrèn yíxià wǒ de yùdìng.

✎

비행기를 놓쳤습니다. Wǒ méi gǎnshàng fēijī.

✎

남방항공 CZ370편입니다. Nánfānghángkōng de CZ sān qī líng cì bānjī.

✎

아직 자리가 있습니까? Hái yǒu wèizi ma?

✎

비행기 표를 취소하려고 합니다. Wǒ xiǎng qǔxiāo hángbān.

✎

예약 번호를 알려 주십시오. Qǐng gàosu wǒ nín de yùdìng hàomǎ.

✎

여기 있습니다. Gěi nín.

✎

이 짐은 부치겠습니다. Zhège xíngli wǒ yào tuōyùn.

✎

 회화 전체
들어보기
🎧 MP3 001-024

 회화 전체
말해보기
🎧 MP3 001-024

24

무사 통과를 기원
출국, 면세점

일단 듣기

회화 듣기

내 머릿속 지우개는 NO!
효과 100%
절대 암기법

일단 듣기 ➡ 쓰면서자동 암기 ➡ 회화연습

일단 듣기

🎧 MP3 025-048

여행회화 | **STEP 1 일단 듣기**

방문 목적은 무엇입니까?

访问目的是什么?

Fǎngwèn mùdì shì shénme?

025

＊目的의 的(dì) 발음에 주의하세요.

출장입니다.

是出差。

Shì chūchāi.

026

＊出差의 差는 'chāi' 로 발음하며, '부족하다' 라는 뜻의 동사 差(chà)의 발음과 구별됩니다.

얼마나 체류하십니까?

您要停留多长时间?

Nín yào tíngliú duō cháng shíjiān?

027

한 달간입니다.

一个月。

Yí ge yuè.

028

> **STEP 2** 병음 2번, 중국어 3번 쓰기 > **STEP 3** 말하기

✎ Făngwèn mùdì shì shénme?

✎ 访问目的是什么？

⌀○○

✎ Shì chūchāi.

✎ 是出差。

○○○

✎ Nín yào tíngliú duō cháng shíjiān?

✎ 您要停留多长时间？

○○○

✎ Yí ge yuè.

✎ 一个月。

○○○

27

어디에 머무실 겁니까?

您要住哪儿?

Nín yào zhù nǎr?

029

*동사 住는 '살다' 외에 '머물다'의 뜻도 있습니다.

난징 호텔입니다.

是南京饭店。

Shì Nánjīng fàndiàn.

030

*중국어에서 饭店은 '중국집'이 아니라, 호텔 혹은 규모가 큰 고급 식당을 말합니다.

휴가 왔습니다.

来休假。

Lái xiūjià.

031

검색대를 통과하시기 바랍니다.

请通过安检门。

Qǐng tōngguò ānjiǎnmén.

032

> **STEP 2** 병음 2번, 중국어 3번 쓰기

> **STEP 3** 말하기

✎ Nín yào zhù nǎr?

✎ 您要住哪儿?

✎ Shì Nánjīng fàndiàn.

✎ 是南京饭店。

✎ Lái xiūjià.

✎ 来休假。

✎ Qǐng tōngguò ānjiǎnmén.

✎ 请通过安检门。

세 번 쓰면
자동 암기

여행회화

짐은 어디서 찾습니까?

行李在哪儿领?

Xíngli zài nǎr lǐng?

*领은 '수령하다'라는 뜻입니다.

033

출국 카드는 어디서 받습니까?

出境卡在哪儿可以拿到?

Chūjìngkǎ zài nǎr kěyǐ nádào?

*卡는 'card'의 음역입니다.

034

비자 있습니까?

有签证吗?

Yǒu qiānzhèng ma?

035

이건 제 개인 소지품입니다.

这是我的个人物品。

Zhè shì wǒ de gèrén wùpǐn.

036

> **STEP 2** 병음 2번, 중국어 3번 쓰기　　　　　　　**STEP 3** 말하기

✎ Xíngli zài nǎr lǐng?

✎ 行李在哪儿领?

✎ Chūjìngkǎ zài nǎr kěyǐ nádào?

✎ 出境卡在哪儿可以拿到?

✎ Yǒu qiānzhèng ma?

✎ 有签证吗?

✎ Zhè shì wǒ de gèrén wùpǐn.

✎ 这是我的个人物品。

이 트렁크 하나입니다.

就这一个箱子。

Jiù zhè yí ge xiāngzi.

037

*여기서 就는 '오직, 단지'의 뜻을 지닌 부사로서, '只(zhǐ)'의 의미입니다.

저는 유학 왔습니다.

我是来留学的。

Wǒ shì lái liúxué de.

038

신고하실 물건이 있습니까?

有没有要申报的东西?

Yǒu méiyǒu yào shēnbào de dōngxi?

039

*东西는 동·서방위를 나타낼 뿐 아니라 '물건'이라는 뜻으로도 쓰입니다. 성조에 주의하세요.

술이나 담배가 있습니까?

有酒和香烟吗?

Yǒu jiǔ hé xiāngyān ma?

040

STEP 2 병음 2번, 중국어 3번 쓰기　　STEP 3 말하기

✎ Jiù zhè yí ge xiāngzi.

✎ 就这一个箱子。

○○○

✎ Wǒ shì lái liúxué de.

✎ 我是来留学的。

○○○

✎ Yǒu méiyǒu yào shēnbào de dōngxi?

✎ 有没有要申报的东西？

○○○

✎ Yǒu jiǔ hé xiāngyān ma?

✎ 有酒和香烟吗？

○○○

여행회화

열어 봐 주십시오.

请您打开。

Qǐng nín dǎkāi.

041

세관을 통과할 수 있습니까?

可以通过海关吗?

Kěyǐ tōngguò hǎiguān ma?

042

공항 리무진은 어디에 있습니까?

机场大巴在哪儿?

Jīchǎng dàbā zài nǎr?

＊大巴는 대형 버스를 말합니다.

043

이 부근에 면세점이 있습니까?

这儿附近有免税店吗?

Zhèr fùjìn yǒu miǎnshuìdiàn ma?

044

34

무사 통과를 기원

출국, 면세점

STEP 2 병음 2번, 중국어 3번 쓰기	STEP 3 말하기

✎ Qǐng nín dǎkāi.

✎ 请您打开。

✎ Kěyǐ tōngguò hǎiguān ma?

✎ 可以通过海关吗?

✎ Jīchǎng dàbā zài nǎr?

✎ 机场大巴在哪儿?

✎ Zhèr fùjìn yǒu miǎnshuìdiàn ma?

✎ 这儿附近有免税店吗?

35

한 갑만 가져갈 수 있습니다.

只能带一盒。

Zhǐ néng dài yì hé.

045

*여기서 一盒는 一盒香烟 즉, '담배 한 갑'을 말합니다.

한국 돈을 받습니까?

收韩币吗?

Shōu Hánbì ma?

046

*중국 돈은 人民币 [Rénmínbì]라고 합니다.

계산 부탁합니다.

请结账。

Qǐng jiézhàng.

047

영수증을 주십시오.

请给我发票。

Qǐng gěi wǒ fāpiào.

048

STEP 2 병음 2번, 중국어 3번 쓰기   STEP 3 말하기

✎ Zhǐ néng dài yì hé.

✎ 只能带一盒。

✎ Shōu Hánbì ma?

✎ 收韩币吗?

✎ Qǐng jiézhàng.

✎ 请结账。

✎ Qǐng gěi wǒ fāpiào.

✎ 请给我发票。

이 말, 중국어로는 뭐라고 할까요? 다시 한 번 쓰면서 말해 보세요.

방문 목적은 무엇입니까? Fǎngwèn mùdì shì shénme?

🖊

출장입니다. Shì chūchāi.

🖊

얼마나 체류하십니까? Nín yào tíngliú duō cháng shíjiān?

🖊

한 달간입니다. Yí ge yuè.

🖊

어디에 머무십니까? Nín yào zhù nǎr?

🖊

난징 호텔입니다. Shì Nánjīng fàndiàn.

🖊

휴가 왔습니다. Lái xiūjià.

🖊

검색대를 통과하시기 바랍니다. Qǐng tōngguò ānjiǎnmén.

🖊

짐은 어디서 찾습니까? Xíngli zài nǎr lǐng?

출국 카드는 어디서 받습니까? Chūjìngkǎ zài nǎr kěyǐ nádào?

비자 있습니까? Yǒu qiānzhèng ma?

이건 제 개인 소지품입니다. Zhè shì wǒ de gèrén wùpǐn.

이 트렁크 하나입니다. Jiù zhè yí ge xiāngzi.

저는 유학 왔습니다. Wǒ shì lái liúxué de.

신고하실 물건이 있습니까? Yǒu méiyǒu yào shēnbào de dōngxi?

술이나 담배가 있습니까? Yǒu jiǔ hé xiāngyān ma?

열어 봐 주십시오. Qǐng nín dǎkāi.

세관을 통과할 수 있습니까? Kěyǐ tōngguò hǎiguān ma?

공항 리무진은 어디에 있습니까? Jīchǎng dàbā zài nǎr?

이 부근에 면세점이 있습니까? Zhèr fùjìn yǒu miǎnshuìdiàn ma?

한 갑만 가져갈 수 있습니다. Zhǐ néng dài yì hé.

한국 돈을 받습니까? Shōu Hánbì ma?

계산 부탁합니다. Qǐng jiézhàng.

영수증을 주십시오. Qǐng gěi wǒ fāpiào.

회화 전체
들어보기
🎧 MP3 025-048

회화 전체
말해보기
🎧 MP3 025-048

40

잠자리가 편해야 만사 OK
호텔

일단 듣기 회화 듣기

내 머릿속 지우개는 NO!
효과 100%
절대 암기법

일단 듣기 ➡ 쓰면서자동 암기 ➡ 회화연습

호텔

🎧 MP3 049-072

하룻밤에 얼마입니까?

一个晚上多少钱?

Yí ge wǎnshang duōshao qián?

049
◉○○

싱글룸으로 주십시오.

我要单人间。

Wǒ yào dānrénjiān.

050
○○○

＊여기서 要는 '원하다, 희망하다'의 뜻이며, 트윈룸은 双人间(shuāngrénjiān)이라 합니다.

며칠 묵으실 겁니까?

您要住几天?

Nín yào zhù jǐ tiān?

051
○○○

＊여기서 要는 '～하려고 하다'라는 뜻의 조동사입니다.

삼 일입니다.

三天。

Sān tiān.

052
○○○

STEP 2 병음 2번, 중국어 3번 쓰기 | STEP 3 말하기

Yí ge wǎnshang duōshao qián?

一个晚上多少钱？

Wǒ yào dānrénjiān.

我要单人间。

Nín yào zhù jǐ tiān?

您要住几天？

Sān tiān.

三天。

먼저 이 신청서를 작성해 주십시오.

先填这张申请书。

Xiān tián zhè zhāng shēnqǐngshū.

053

예약하려고 합니다.

我想预订。

Wǒ xiǎng yùdìng.

054

체크인은 어디서 합니까?

入住手续在哪儿办理?

Rùzhù shǒuxù zài nǎr bànlǐ.

*办理는 '(업무를) 처리하다'의 뜻입니다.

055

방값은 얼마입니까?

房费是多少?

Fángfèi shì duōshao?

056

✎ Xiān tián zhè zhāng shēnqǐngshū.

✎ 先填这张申请书。

✎ Wǒ xiǎng yùdìng.

✎ 我想预订。

✎ Rùzhù shǒuxù zài nǎr bànlǐ.

✎ 入住手续在哪儿办理？

✎ Fángfèi shì duōshao?

✎ 房费是多少？

빈방 있습니까?

有空房吗?

Yǒu kōngfáng ma?

057

좀 더 싼 방 있습니까?

有便宜点儿的房间吗?

Yǒu piányi diǎnr de fángjiān ma?

058

＊ '조금'이라는 뜻의 一点儿은 '一'를 생략한 채 사용되기도 합니다.

이건 세금과 봉사료가 포함된 가격입니까?

这个价格含税和服务费吗?

Zhège jiàgé hán shuì hé fúwùfèi ma?

059

디럭스룸으로 예약하고 싶습니다.

我想预订豪华间。

Wǒ xiǎng yùdìng háohuájiān.

060

Yǒu kōngfáng ma?

有空房吗?

Yǒu piányi diǎnr de fángjiān ma?

有便宜点儿的房间吗?

Zhège jiàgé hán shuì hé fúwùfèi ma?

这个价格含税和服务费吗?

Wǒ xiǎng yùdìng háohuájiān.

我想预订豪华间。

이건 조식 티켓입니다.

这是早餐票。

061

Zhè shì zǎocān piào.

뷔페입니다.

是自助餐。

062

Shì zìzhùcān.

＊自助와 관련된 표현으로 '自助游〔zìzhùyóu〕(자유 여행)'도 있습니다.

여기 열쇠 있습니다.

这是您的钥匙。

063

Zhè shì nín de yàoshi.

저희 호텔은 만실입니다.

我们饭店已经住满了。

064

Wǒmen fàndiàn yǐjīng zhùmǎn le.

＊已经은 '이미, 벌써'의 뜻입니다.

48

STEP 2 병음 2번, 중국어 3번 쓰기 　　　STEP 3 말하기

✏️ Zhè shì zǎocān piào.

_____

✏️ 这是早餐票。

_____

✏️ Shì zìzhùcān.

_____

✏️ 是自助餐。

_____

✏️ Zhè shì nín de yàoshi.

_____

✏️ 这是您的钥匙。

_____

✏️ Wǒmen fàndiàn yǐjīng zhùmǎn le.

_____

✏️ 我们饭店已经住满了。

_____

49

예약을 취소하고 싶습니다.

我想取消预订。

Wǒ xiǎng qǔxiāo yùdìng.

065

예약 시 보증금이 필요합니다.

预订时需要押金。

Yùdìng shí xūyào yājīn.

066

＊중국에서는 호텔 투숙 시 '押金'이라는 보증금을 내고, 체크아웃할 때 돌려받습니다.

침대를 하나 추가해 주십시오.

请再加一张床。

Qǐng zài jiā yì zhāng chuáng.

067

＊침대를 세는 양사는 张입니다.

내일 아침에 모닝콜을 부탁드립니다.

明天早上请叫醒我。

Míngtiān zǎoshang qǐng jiàoxǐng wǒ.

068

✎ Wǒ xiǎng qǔxiāo yùdìng.

✎ 我想取消预订。

✎ Yùdìng shí xūyào yājīn.

✎ 预订时需要押金。

✎ Qǐng zài jiā yì zhāng chuáng.

✎ 请再加一张床。

✎ Míngtiān zǎoshang qǐng jiàoxǐng wǒ.

✎ 明天早上请叫醒我。

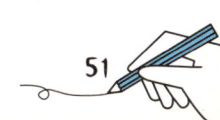

51

휴지가 떨어졌습니다.

没有卫生纸。

Méiyǒu wèishēngzhǐ.

069

제 방을 좀 청소해 주십시오.

请把我的房间打扫一下。

Qǐng bǎ wǒ de fángjiān dǎsǎo yíxià.

070

지금 체크아웃하겠습니다.

现在要退房。

Xiànzài yào tuì fáng.

071

하루 일찍 퇴실하고 싶습니다.

我想提前一天走。

Wǒ xiǎng tíqián yì tiān zǒu.

072

＊동사 提前은 '(예정된 시간 혹은 위치를) 앞당기다'의 뜻입니다.

| STEP 2 병음 2번, 중국어 3번 쓰기 | STEP 3 말하기 |

✎ Méiyǒu wèishēngzhǐ.

✎ 没有卫生纸。

✎ Qǐng bǎ wǒ de fángjiān dǎsǎo yíxià.

✎ 请把我的房间打扫一下。

✎ Xiànzài yào tuì fáng.

✎ 现在要退房。

✎ Wǒ xiǎng tíqián yì tiān zǒu.

✎ 我想提前一天走。

이 말, 중국어로는 뭐라고 할까요? 다시 한 번 쓰면서 말해 보세요.

하룻밤에 얼마입니까? Yí ge wǎnshang duōshao qián?

✎

싱글룸으로 주십시오. Wǒ yào dānrénjiān.

✎

며칠 묵으실 겁니까? Nín yào zhù jǐ tiān?

✎

삼 일입니다. Sān tiān.

✎

먼저 신청서를 작성해 주십시오. Xiān tián zhè zhāng shēnqǐngshū.

✎

예약하려고 합니다. Wǒ xiǎng yùdìng.

✎

체크인은 어디서 합니까? Rùzhù shǒuxù zài nǎr bànlǐ.

✎

방값은 얼마입니까? Fángfèi shì duōshao?

✎

빈방 있습니까? Yǒu kōngfáng ma?

좀 더 싼 방 있습니까? Yǒu piányi diǎnr de fángjiān ma?

이건 세금과 봉사료가 포함된 가격입니까? Zhège jiàgé hán shuì hé fúwùfèi ma?

디럭스룸으로 예약하고 싶습니다. Wǒ xiǎng yùdìng háohuájiān.

이건 조식 티켓입니다. Zhè shì zǎocān piào.

뷔페입니다. Shì zìzhùcān.

여기 열쇠 있습니다. Zhè shì nín de yàoshi.

저희 호텔은 만실입니다. Wǒmen fàndiàn yǐjīng zhùmǎn le.

예약을 취소하고 싶습니다. Wǒ xiǎng qǔxiāo yùdìng.

예약 시 보증금이 필요합니다. Yùdìng shí xūyào yājīn.

침대를 하나 추가해 주십시오. Qǐng zài jiā yì zhāng chuáng.

내일 아침에 모닝콜을 부탁드립니다. Míngtiān zǎoshang qǐng jiàoxǐng wǒ.

휴지가 떨어졌습니다. Méiyǒu wèishēngzhǐ.

제 방을 좀 청소해 주십시오. Qǐng bǎ wǒ de fángjiān dǎsǎo yíxià.

지금 체크아웃하겠습니다. Xiànzài yào tuì fáng.

하루 일찍 퇴실하고 싶습니다. Wǒ xiǎng tíqián yì tiān zǒu.

여행을 떠나요
관광

일단 듣기　회화 듣기

내 머릿속 지우개는 NO!
효과 100%
절대 암기법

일단 듣기　➡　쓰면서 자동 암기　➡　회화 연습

여행회화 　　　　　　　　　　　　　　 **STEP 1** 일단 듣기

관광 안내소는 어디에 있습니까?
旅游咨询处在哪儿?
Lǚyóu zīxúnchù zài nǎr?

073

어떤 코스가 있습니까?
有什么路线?
Yǒu shénme lùxiàn?

074

입장료는 얼마입니까?
门票多少钱?
Ménpiào duōshao qián?

075

고궁은 어떻게 갑니까?
故宫怎么去?
Gùgōng zěnme qù?

076

＊베이징 **故宫**은 우리가 흔히 자금성(**紫禁城**)으로 알고 있는 그곳을 말합니다.

일단 듣고
3번 쓰고
말해봐

STEP 2 병음 2번, 중국어 3번 쓰기 　　　　**STEP 3** 말하기

✎ Lǚyóu zīxúnchù zài nǎr?

_____

✎ 旅游咨询处在哪儿?

_____

✎ Yǒu shénme lùxiàn?

_____

✎ 有什么路线?

_____

✎ Ménpiào duōshao qián?

_____

✎ 门票多少钱?

_____

✎ Gùgōng zěnme qù?

_____

✎ 故宫怎么去?

_____

무료 지도가 있습니까?

有免费地图吗?

Yǒu miǎnfèi dìtú ma?

077

＊免费 (무료)의 반대말은 收费〔shōufèi〕(유료)입니다.

몇 시에 출발합니까?

几点出发?

Jǐ diǎn chūfā?

078

당일치기로 가능합니까?

一天就够了吗?

Yì tiān jiù gòu le ma?

079

유명합니까?

有名的吗?

Yǒumíng de ma?

080

STEP 2 병음 2번, 중국어 3번 쓰기	STEP 3 말하기

✎ Yǒu miǎnfèi dìtú ma?

✎ 有免费地图吗?

✎ Jǐ diǎn chūfā?

✎ 几点出发?

✎ Yì tiān jiù gòu le ma?

✎ 一天就够了吗?

✎ Yǒumíng de ma?

✎ 有名的吗?

어른 둘입니다.

两个大人。

Liǎng ge dàren.

081

몇 시에 문을 닫습니까?

几点关门?

Jǐ diǎn guān mén?

*关门의 반대말은 开门(kāi mén)입니다.

082

어디에서 모입니까?

在哪儿集合?

Zài nǎr jíhé?

083

저를 따라오십시오.

请跟我来。

Qǐng gēn wǒ lái.

*동사 跟은 '따라오다'의 뜻이 있습니다.

084

STEP 2 병음 2번, 중국어 3번 쓰기	STEP 3 말하기

✎ Liǎng ge dàren.

✎ 两个大人。

✎ Jǐ diǎn guān mén?

✎ 几点关门？

✎ Zài nǎr jíhé?

✎ 在哪儿集合？

✎ Qǐng gēn wǒ lái.

✎ 请跟我来。

여행회화

자유 시간이 있습니까?
有自由时间吗?
Yǒu zìyóu shíjiān ma?

085

가이드 말에 잘 따라 주십시오.
请注意听导游说话。
Qǐng zhùyì tīng dǎoyóu shuō huà.

086

*导游는 명사 '가이드'의 뜻으로 쓰이기도 하고, 동사 '(관광객을) 안내하다'의 뜻으로도 쓰입니다.

너무 가까이 다가가지 마십시오.
不要太靠近了。
Bú yào tài kàojìn le.

087

*여기서 不要는 '~하지 마라'라는 別의 뜻입니다.

어떤 쇼가 있습니까?
有什么表演?
Yǒu shénme biǎoyǎn?

088

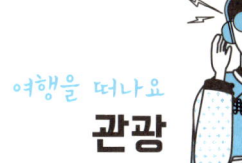

> **STEP 2** 병음 2번, 중국어 3번 쓰기　　　　　> **STEP 3** 말하기

✎ Yǒu zìyóu shíjiān ma?

✎ 有自由时间吗?

✎ Qǐng zhùyì tīng dǎoyóu shuō huà.

✎ 请注意听导游说话。

✎ Bú yào tài kàojìn le.

✎ 不要太靠近了。

✎ Yǒu shénme biǎoyǎn?

✎ 有什么表演?

손으로 만지면 안 됩니다.

不要用手摸。

Bú yào yòng shǒu mō.

089

조용히 해 주시기 바랍니다.

请安静。

Qǐng ānjìng.

090

여기서 사진 찍어도 됩니까?

在这儿可以拍照吗?

Zài zhèr kěyǐ pāizhào ma?

*可以 는 '허락, 허가'의 의미를 지닌 조동사입니다.

091

여기는 사진 촬영 금지입니다.

这里禁止拍照。

Zhèli jìnzhǐ pāizhào.

092

STEP 2 병음 2번, 중국어 3번 쓰기   STEP 3 말하기

Bú yào yòng shǒu mō.

不要用手摸。

Qǐng ānjìng.

请安静。

Zài zhèr kěyǐ pāizhào ma?

在这儿可以拍照吗？

Zhèli jìnzhǐ pāizhào.

这里禁止拍照。

이걸 누르기만 하면 됩니다.

按这个就行。

Àn zhège jiù xíng.

093

*就는 '~면, ~인 이상'의 뜻으로 조건을 나타냅니다.

준비되셨습니까?

准备好了吗?

Zhǔnbèi hǎo le ma?

094

나가는 문은 어디에 있습니까?

出口在哪儿?

Chūkǒu zài nǎr?

095

호텔로 돌아가고 싶습니다.

我想回饭店。

Wǒ xiǎng huí fàndiàn.

096

STEP 2 병음 2번, 중국어 3번 쓰기	STEP 3 말하기

✎ Àn zhège jiù xíng.

✎ 按这个就行。

⌇⌇⌇⌇⌇⌇⌇⌇⌇⌇⌇⌇⌇⌇⌇⌇⌇⌇⌇⌇⌇⌇

✎ Zhǔnbèi hǎo le ma?

✎ 准备好了吗?

⌇⌇⌇⌇⌇⌇⌇⌇⌇⌇⌇⌇⌇⌇⌇⌇⌇⌇⌇⌇⌇⌇

✎ Chūkǒu zài nǎr?

✎ 出口在哪儿?

⌇⌇⌇⌇⌇⌇⌇⌇⌇⌇⌇⌇⌇⌇⌇⌇⌇⌇⌇⌇⌇⌇

✎ Wǒ xiǎng huí fàndiàn.

✎ 我想回饭店。

⌇⌇⌇⌇⌇⌇⌇⌇⌇⌇⌇⌇⌇⌇⌇⌇⌇⌇⌇⌇⌇⌇

이 말, 중국어로는 뭐라고 할까요? 다시 한 번 쓰면서 말해 보세요.

관광 안내소는 어디에 있습니까? Lǚyóu zīxúnchù zài nǎr?

✏️

어떤 코스가 있습니까? Yǒu shénme lùxiàn?

✏️

입장료는 얼마입니까? Ménpiào duōshao qián?

✏️

고궁은 어떻게 갑니까? Gùgōng zěnme qù?

✏️

무료 지도가 있습니까? Yǒu miǎnfèi dìtú ma?

✏️

몇 시에 출발합니까? Jǐ diǎn chūfā?

✏️

당일치기로 가능합니까? Yì tiān jiù gòu le ma?

✏️

유명합니까? Yǒumíng de ma?

✏️

어른 둘입니다. Liǎng ge dàren.

몇 시에 문을 닫습니까? Jǐ diǎn guān mén?

어디에서 모입니까? Zài nǎr jíhé?

저를 따라오십시오. Qǐng gēn wǒ lái.

자유 시간이 있습니까? Yǒu zìyóu shíjiān ma?

가이드 말에 잘 따라 주십시오. Qǐng zhùyì tīng dǎoyóu shuō huà.

너무 가까이 다가가지 마십시오. Bú yào tài kàojìn le.

어떤 쇼가 있습니까? Yǒu shénme biǎoyǎn?

손으로 만지면 안 됩니다. Bú yào yòng shǒu mō.

조용히 해 주시기 바랍니다. Qǐng ānjìng.

여기서 사진 찍어도 됩니까? Zài zhèr kěyǐ pāizhào ma?

여기는 사진 촬영 금지입니다. Zhèli jìnzhǐ pāizhào.

이걸 누르기만 하면 됩니다. Àn zhège jiù xíng.

준비되셨습니까? Zhǔnbèi hǎo le ma?

나가는 문은 어디 있습니까? Chūkǒu zài nǎr?

호텔로 돌아가고 싶습니다. Wǒ xiǎng huí fàndiàn.

세상에나 이런 일이
사건, 사고

일단 듣기　회화 듣기

내 머릿속 지우개는 NO!
효과 100%
절대 암기법

일단 듣기 ⟶ 쓰면서 자동 암기 ⟶ 회화연습

| 여행회화 | **STEP 1** 일단 듣기 |

길을 잃어버렸습니다.
我迷路了。
Wǒ mílù le.

097

아이를 잃어버렸습니다.
我的孩子不见了。
Wǒ de háizi bú jiàn le.

098

*不见은 '만나지 않다' 라는 뜻 외에도 '(물건을) 찾을 수가 없다, 없어지다' 의 뜻이 있습니다.

이게 당신의 지갑입니까?
这是您的钱包吗?
Zhè shì nín de qiánbāo ma?

099

우리 같이 찾아봅시다.
我们一起去找吧。
Wǒmen yìqǐ qù zhǎo ba.

100

STEP 2 병음 2번, 중국어 3번 쓰기	STEP 3 말하기

✎ Wǒ mílù le.

✎ 我迷路了。

✎ Wǒ de háizi bú jiàn le.

✎ 我的孩子不见了。

✎ Zhè shì nín de qiánbāo ma?

✎ 这是您的钱包吗?

✎ Wǒmen yìqǐ qù zhǎo ba.

✎ 我们一起去找吧。

여권을 잃어버렸습니다.

我的护照丢了。

Wǒde hùzhào diū le.

101

찾았습니다.

找到了。

Zhǎodào le.

102

＊到는 동사 뒤에서 보어로 쓰여 동작이 목적에 도달했거나 결과가 있음을 나타냅니다.

버스에 두고 내렸습니다.

落在公交车上了。

Làzài gōngjiāochē shang le.

103

＊公交车는 公共汽车〔gōnggòngqìchē〕(버스)와 같은 뜻입니다.

파출소는 어디에 있습니까?

派出所在哪儿?

Pàichūsuǒ zài nǎr?

104

✎ Wǒde hùzhào diū le.

✎ 我的护照丢了。

✎ Zhǎodào le.

✎ 找到了。

✎ Làzài gōngjiāochē shang le.

✎ 落在公交车上了。

✎ Pàichūsuǒ zài nǎr?

✎ 派出所在哪儿?

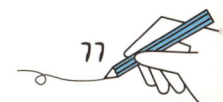

사람이 다쳤습니다.

有人受伤了。

Yǒu rén shòushāng le.

105

○○○

경찰에 신고를 해 주십시오.

请报警。

Qǐng bàojǐng.

106

○○○

＊'请'은 상대에게 정중히 권할 때 쓰며, 영어의 'please~'정도의 말에 해당됩니다.

도둑이야!

抓小偷!

Zhuā xiǎotōu!

107

○○○

불이야!

着火了!

Zháohuǒ le!

108

○○○

＊여기서는 동사 着〔zháo〕로 쓰였으며, 조사 着〔zhe〕의 발음과 구별됩니다.

STEP 2 병음 2번, 중국어 3번 쓰기	STEP 3 말하기

✎ Yǒu rén shòushāng le.

✎ 有人受伤了。

✎ Qǐng bàojǐng.

✎ 请报警。

✎ Zhuā xiǎotōu!

✎ 抓小偷!

✎ Zháohuǒ le!

✎ 着火了。

제 차가 (들이)받히는 사고를 당했습니다.

我的车被撞了。

Wǒ de chē bèi zhuàng le.

109

*被는 동사 앞에 쓰여 피동형 구나 문장을 만듭니다.

제가 교통사고를 냈습니다.

我出车祸了。

Wǒ chū chēhuò le.

110

저는 외국인입니다.

我是外国人。

Wǒ shì wàiguórén.

111

구급차를 불러 주십시오.

请叫救护车。

Qǐng jiào jiùhùchē.

112

✎ Wǒ de chē bèi zhuàng le.

✎ 我的车被撞了。

✎ Wǒ chū chēhuò le.

✎ 我出车祸了。

✎ Wǒ shì wàiguórén.

✎ 我是外国人。

✎ Qǐng jiào jiùhùchē.

✎ 请叫救护车。

좀 서둘러 주십시오.

赶紧点儿。

Gǎnjǐn diǎnr.

113

지진이 났습니다.

地震了。

Dìzhèn le.

114

사기를 당했습니다.

我上当了。

Wǒ shàngdàng le.

115

저쪽으로 도망갔습니다.

往那边跑了。

Wǎng nàbiān pǎo le.

*개사往은 '~쪽으로, ~을 향해'의 뜻입니다.

116

> **STEP 2** 병음 2번, 중국어 3번 쓰기 > **STEP 3** 말하기

✎ Gǎnjǐn diǎnr.

✎ 赶紧点儿。

✎ Dìzhèn le.

✎ 地震了。

✎ Wǒ shàngdàng le.

✎ 我上当了。

✎ Wǎng nàbiān pǎo le.

✎ 往那边跑了。

분실 신고를 하고 싶습니다.

我想报失。

117

Wǒ xiǎng bàoshī.

그 사람의 외모를 좀 설명해 주십시오.

请说说他的长相。

118

Qǐng shuōshuo tā de zhǎngxiàng.

＊说说 는 동사를 중첩한 형태로서, 동작을 가벼운 기분으로 한다는 의미를 나타냅니다.

사람 살려!

救命啊！

119

Jiùmìng a!

한국 대사관으로 연락해 주십시오.

请帮我联系韩国大使馆。

120

Qǐng bāng wǒ liánxì Hánguó dàshǐguǎn.

✎ Wǒ xiǎng bàoshī.

✎ 我想报失。

✎ Qǐng shuōshuo tā de zhǎngxiàng.

✎ 请说说他的长相。

✎ Jiùmìng a!

✎ 救命啊！

✎ Qǐng bāng wǒ liánxì Hánguó dàshǐguǎn.

✎ 请帮我联系韩国大使馆。

이 말, 중국어로는 뭐라고 할까요? 다시 한 번 쓰면서 말해 보세요.

길을 잃어버렸습니다. Wǒ mílù le.

아이를 잃어버렸습니다. Wǒ de háizi bú jiàn le.

이게 당신 지갑입니까? Zhè shì nín de qiánbāo ma?

우리 같이 찾아봅시다. Wǒmen yìqǐ qù zhǎo ba.

여권을 잃어버렸습니다. Wǒ hùzhào diū le.

찾았습니다. Zhǎodào le.

버스에 두고 내렸습니다. Làzài gōngjiāochē shang le.

파출소는 어디에 있습니까? Pàichūsuǒ zài nǎr?

사람이 다쳤습니다. Yǒu rén shòushāng le.

경찰에 신고를 해 주십시오. Qǐng bàojǐng.

도둑이야! Zhuā xiǎotōu!

불이야! Zháohuǒ le!

제 차가 (들이)받히는 사고를 당했습니다. Wǒ de chē bèi zhuàng le.

제가 교통사고를 냈습니다. Wǒ chū chēhuò le.

저는 외국인입니다. Wǒ shì wàiguórén.

구급차를 불러 주십시오. Qǐng jiào jiùhùchē.

좀 서둘러 주십시오. Gǎnjǐn diǎnr.

지진이 났습니다. Dìzhèn le.

사기를 당했습니다. Wǒ shàngdàng le.

저쪽으로 도망갔습니다. Wǎng nàbiān pǎo le.

분실 신고를 하고 싶습니다. Wǒ xiǎng bàoshī.

그 사람의 외모를 좀 설명해 주십시오. Qǐng shuōshuo tā de zhǎngxiàng.

사람 살려! Jiùmìng a!

한국 대사관으로 연락해 주십시오. Qǐng bāng wǒ liánxì Hánguó dàshǐguǎn.

 회화 전체
들어보기
 🎧 MP3 097-120

 회화 전체
말해보기
 🎧 MP3 097-120

88

금강산도 식후경
간식, 패스트푸드

일단 듣기   회화 듣기

내 머릿속 지우개는 NO!
효과 100%
절대 암기법

你好!

일단 듣기 ⟶ 쓰면서 자동 암기 ⟶ 회화 연습

일단 듣기

🎧 MP3 121-144

여행회화 　　　　　　　　　　　　　　　 **STEP 1 일단 듣기**

이것은 양꼬치입니다.

这是羊肉串儿。

121

Zhè shì yángròuchuànr.

*동사 串은 '꿰다'라는 뜻이며, 명사 串儿은 '꼬치'라는 뜻입니다.

양념을 뿌려 드릴까요?

要不要放调料?

122

Yào bu yào fàng tiáoliào?

*양념 등을 '(집어) 넣다, 섞다'라고 할 때 동사 放을 씁니다.

봉지가 필요합니까?

要袋子吗?

123

Yào dàizi ma?

고수는 넣지 말아 주십시오.

不要放香菜。

124

Bú yào fàng xiāngcài.

*香菜는 중국 요리에 많이 쓰이는 '고수'라는 허브로, 한국 사람들 입맛에는 맞지 않는 경우가
많습니다.

> STEP 2 병음 2번, 중국어 3번 쓰기   > STEP 3 말하기

🖊 Zhè shì yángròuchuànr.

🖊 这是羊肉串儿。

〰〰〰〰〰〰〰〰〰〰〰〰〰〰〰〰〰〰〰〰〰〰〰〰

🖊 Yào bu yào fàng tiáoliào?

🖊 要不要放调料？

〰〰〰〰〰〰〰〰〰〰〰〰〰〰〰〰〰〰〰〰〰〰〰〰

🖊 Yào dàizi ma?

🖊 要袋子吗？

〰〰〰〰〰〰〰〰〰〰〰〰〰〰〰〰〰〰〰〰〰〰〰〰

🖊 Bú yào fàng xiāngcài.

🖊 不要放香菜。

〰〰〰〰〰〰〰〰〰〰〰〰〰〰〰〰〰〰〰〰〰〰〰〰

91

우리 함께 먹자골목에 갑시다.

我们一起去小吃街吧。

125

Wǒmen yìqǐ qù xiǎochījiē ba.

*小吃는 '간식, 먹거리'라는 뜻입니다.

이 근처에 편의점이 있습니까?

这附近有便利店吗?

126

Zhè fùjìn yǒu biànlìdiàn ma?

여기서 라면을 먹을 수 있습니까?

在这儿可以吃方便面吗?

127

Zài zhèr kěyǐ chī fāngbiànmiàn ma?

일회용 젓가락을 주십시오.

请给我一次性筷子。

128

Qǐng gěi wǒ yícìxìng kuàizi.

STEP 2 병음 2번, 중국어 3번 쓰기	STEP 3 말하기

✎ Wǒmen yìqǐ qù xiǎochījiē ba.

✎ 我们一起去小吃街吧。

✎ Zhè fùjìn yǒu biànlìdiàn ma?

✎ 这附近有便利店吗？

✎ Zài zhèr kěyǐ chī fāngbiànmiàn ma?

✎ 在这儿可以吃方便面吗？

✎ Qǐng gěi wǒ yícìxìng kuàizi.

✎ 请给我一次性筷子。

(전자레인지에) 좀 데워 주십시오.

请给我热一热。

Qǐng gěi wǒ rè yi rè?

*热一热 즉, 'V一V'형 동사 중첩은 동작을 가벼운 기분으로 한다는 의미를 나타냅니다.

129

햄버거 하나 주십시오.

请给我一个汉堡包。

Qǐng gěi wǒ yí ge hànbǎobāo.

*汉堡는 독일의 도시명 '함부르크'이기도 합니다.

130

치킨 두 조각 주십시오.

我要两块炸鸡。

Wǒ yào liǎng kuài zhájī.

*동사 炸는 '(기름에) 튀기다'라는 뜻입니다.

131

이 세트 메뉴로 주십시오.

我要这个套餐。

Wǒ yào zhège tàocān.

132

✎ Qǐng gěi wǒ rè yi rè.

✎ 请给我热一热。

✎ Qǐng gěi wǒ yí ge hànbǎobāo.

✎ 请给我一个汉堡包。

✎ Wǒ yào liǎng kuài zhájī.

✎ 我要两块炸鸡。

✎ Wǒ yào zhège tàocān.

✎ 我要这个套餐。

음료는 뭘로 하시겠습니까?

您喝什么饮料?

Nín hē shénme yǐnliào?

133

아메리카노 커피 리필됩니까?

美式咖啡可以续杯吗?

Měishì kāfēi kěyǐ xùbēi ma?

134

＊美式는 '미국식'의 의역이고, 咖啡는 'coffee'의 음역입니다.

크림과 설탕 다 필요하십니까?

奶和糖都要吗?

Nǎi hé táng dōu yào ma?

135

2층에 자리가 있습니다.

二楼有座位。

Èr lóu yǒu zuòwèi.

136

＊楼 대신 层(céng)을 쓸 수도 있습니다.

| STEP 2 병음 2번, 중국어 3번 쓰기 | STEP 3 말하기 |

✎ Nín hē shénme yǐnliào?

✎ 您喝什么饮料?

✎ Měishì kāfēi kěyǐ xùbēi ma?

✎ 美式咖啡可以续杯吗?

✎ Nǎi hé táng dōu yào ma?

✎ 奶和糖都要吗?

✎ Èr lóu yǒu zuòwèi.

✎ 二楼有座位。

프렌치 프라이 하나 주십시오.
我要一个薯条。
Wǒ yào yí ge shǔtiáo.

137

＊条는 '가늘고 긴 것'을 의미하는 명사입니다.

냅킨을 주십시오.
请给我餐巾纸。
Qǐng gěi wǒ cānjīnzhǐ.

138

맥도날드 맞은편은 KFC입니다.
麦当劳对面是肯德基。
Màidāngláo duìmiàn shì Kěndéjī.

139

우리 피자를 먹읍시다.
我们吃比萨饼吧。
Wǒmen chī bǐsàbǐng ba.

140

＊饼은 (굽거나 지지거나 쪄서 만든) 둥글넓적한 밀가루 음식을 뜻합니다.

| STEP 2 병음 2번, 중국어 3번 쓰기 | STEP 3 말하기 |

✎ Wǒ yào yí ge shǔtiáo.

✎ 我要一个薯条。

✎ Qǐng gěi wǒ cānjīnzhǐ.

✎ 请给我餐巾纸。

✎ Màidāngláo duìmiàn shì Kěndéjī.

✎ 麦当劳对面是肯德基。

✎ Wǒmen chī bǐsàbǐng ba.

✎ 我们吃比萨饼吧。

여섯 조각으로 잘라 주십시오.

把它切成六块儿吧。

141

Bǎ tā qiēchéng liù kuàir ba.

＊块(儿)는 '덩어리, 조각'을 의미합니다.

중간 사이즈 컵에다 주십시오.

要中杯的。

142

Yào zhōng bēi de.

＊大杯〔dà bēi〕(큰 사이즈 컵), 小杯〔xiǎo bēi〕(작은 사이즈 컵) 등도 있습니다.

얼음을 좀 넣어 주십시오.

请放点冰块。

143

Qǐng fàng diǎn bīngkuài.

어디로 배달해 드릴까요?

送到哪儿?

144

Sòngdào nǎr?

> **STEP 2** 병음 2번, 중국어 3번 쓰기　　　　**STEP 3** 말하기

✎ Bǎ tā qiēchéng liù kuàir ba.

✎ 把它切成六块儿吧。

✎ Yào zhōng bēi de.

✎ 要中杯的。

✎ Qǐng fàng diǎn bīngkuài.

✎ 请放点冰块。

✎ Sòngdào nǎr?

✎ 送到哪儿？

이 말, 중국어로는 뭐라고 할까요? 다시 한 번 쓰면서 말해 보세요.

이것은 양꼬치입니다. Zhè shì yángròuchuànr.

✎

양념을 뿌려 드릴까요? Yào bu yào fàng tiáoliào?

✎

봉지가 필요합니까? Yào dàizi ma?

✎

고수는 넣지 말아 주십시오. Bú yào fàng xiāngcài.

✎

우리 함께 먹자골목에 갑시다. Wǒmen yìqǐ qù xiǎochījiē ba.

✎

이 근처에 편의점이 있습니까? Zhè fùjìn yǒu biànlìdiàn ma?

✎

여기서 라면을 먹을 수 있습니까? Zài zhèr kěyǐ chī fāngbiànmiàn ma?

✎

일회용 젓가락을 주십시오. Qǐng gěi wǒ yícìxìng kuàizi.

✎

(전자레인지에) 좀 데워 주십시오. Qǐng gěi wǒ rè yi rè?

✎

햄버거 하나 주십시오. Qǐng gěi wǒ yí ge hànbǎobāo.

✎

치킨 두 조각 주십시오. Wǒ yào liǎng kuài zhájī.

✎

이 세트 메뉴로 주십시오. Wǒ yào zhège tàocān.

✎

음료는 뭘로 하시겠습니까? Nín hē shénme yǐnliào?

✎

아메리카노 커피 리필됩니까? Měishì kāfēi kěyǐ xùbēi ma?

✎

크림과 설탕 다 필요하십니까? Nǎi hé táng dōu yào ma?

✎

2층에 자리가 있습니다. Èr lóu yǒu zuòwèi.

✎

프렌치 프라이 하나 주십시오. Wǒ yào yí ge shǔtiáo.

✎

냅킨을 주십시오. Qǐng gěi wǒ cānjīnzhǐ.

✎

맥도날드 맞은편은 KFC입니다. Màidāngláo duìmiàn shì Kěndéjī.

✎

우리 피자를 먹읍시다. Wǒmen chī bǐsàbǐng ba.

✎

여섯 조각으로 잘라 주십시오. Bǎ tā qiēchéng liù kuàir ba.

✎

중간 사이즈 컵에다 주십시오. Yào zhōng bēi de.

✎

얼음을 좀 넣어 주십시오. Qǐng fàng diǎn bīngkuài.

✎

어디로 배달해 드릴까요? Sòngdào nǎr?

✎

선물도 사야지
쇼핑

일단 듣기　회화 듣기

내 머릿속 지우개는 NO!
효과 100%
절대 암기법

일단 듣기 ➡ 쓰면서자동 암기 ➡ 회화연습

여행회화　　　　　　　　　　　　▶ **STEP 1** 일단 듣기

얼마입니까?

多少钱?

Duōshao qián?

145
✓○○

좀 비싸네요.

有点儿贵。

Yǒudiǎnr guì.

146
○○○

＊有点儿은 '약간, 조금'의 뜻을 지닌 부사입니다.

이건 금년 신제품입니다.

这是今年的新款。

Zhè shì jīnnián de xīnkuǎn.

147
○○○

＊여기서 款은 '양식, 스타일'의 의미입니다.

좀 깎아 주실 수 있습니까?

能便宜点儿吗?

Néng piányi diǎnr ma?

148
○○○

회화 연습

🎧 MP3 145-168

STEP 2 병음 2번, 중국어 3번 쓰기	STEP 3 말하기

🖊 Duōshao qián?

🖊 多少钱?

🖊 Yǒudiǎnr guì.

🖊 有点儿贵。

🖊 Zhè shì jīnnián de xīnkuǎn.

🖊 这是今年的新款。

🖊 Néng piányi diǎnr ma?

🖊 能便宜点儿吗?

더 이상 싸게는 안 됩니다.

不能再便宜了。

149

Bù néng zài piányi le .

＊'더는 쌀 수 없다'는 의미로, 일종의 최상급 표현입니다.

1+1 행사입니다.

买一送一。

150

Mǎi yī sòng yī.

모두 다 팔렸습니다.

都卖完了。

151

Dōu màiwán le.

＊完은 동사 뒤에 쓰여, 술어의 동작이나 행위가 결과적으로 끝났음을 의미합니다.

다른 색깔도 있습니까?

有没有其他颜色的?

152

Yǒu méiyǒu qítā yánsè de?

STEP 2 병음 2번, 중국어 3번 쓰기	STEP 3 말하기

✎ Bù néng zài piányi le .

✎ 不能再便宜了。

✎ Mǎi yī sòng yī.

✎ 买一送一。

✎ Dōu mài wán le.

✎ 都卖完了。

✎ Yǒu méiyǒu qítā yánsè de?

✎ 有没有其他颜色的?

신용카드로 결제해도 됩니다.

您可以刷卡。

Nín kěyǐ shuākǎ.

153

＊刷는 원래 '솔질하다'의 의미인데, 여기서는 '(카드를) 긁다'의 뜻입니다.

화장품을 사고 싶습니다.

我想买化妆品。

Wǒ xiǎng mǎi huàzhuāngpǐn.

154

몇 프로 할인됩니까?

打几折?

Dǎ jǐ zhé?

155

＊중국어로 세일이나 할인은 '打折'라고 합니다.

거울에 비춰 보십시오.

照一下镜子。

Zhào yíxià jìngzi.

156

| STEP 2 병음 2번, 중국어 3번 쓰기 | STEP 3 말하기 |

✏️ Nín kěyǐ shuākǎ.

✏️ 您可以刷卡。

✏️ Wǒ xiǎng mǎi huàzhuāngpǐn.

✏️ 我想买化妆品。

✏️ Dǎ jǐ zhé?

✏️ 打几折？

✏️ Zhào yíxià jìngzi.

✏️ 照一下镜子。

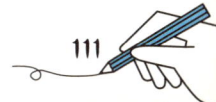

싼 게 비지떡입니다.

一分钱一分货。

Yì fēn qián yì fēn huò.

157

＊一分은 현재 중국의 가장 낮은 화폐 단위로, 한 푼짜리 물건은 겨우 그 정도의 낮은 가치밖에 안 된다는 뜻입니다.

인터넷에서 샀습니다.

在网上买的。

Zài wǎngshang mǎi de.

158

＊网上 (온라인상)과 上网 (인터넷을 하다)은 뜻이 다르니 주의하세요.

환불할 수 있습니까?

能不能退货?

Néng bu néng tuìhuò?

159

15% 할인됩니다.

打八五折。

Dǎ bāwǔ zhé.

160

＊打八五折는 정가의 85%만 받는다는 뜻이니, 우리 식으로 얘기하면 15% 할인입니다.

선물도 사야지
쇼핑

STEP 2 병음 2번, 중국어 3번 쓰기	STEP 3 말하기

✎ Yì fēn qián yì fēn huò.

✎ 一分钱一分货。

✎ Zài wǎngshang mǎi de.

✎ 在网上买的。

✎ Néng bu néng tuìhuò?

✎ 能不能退货？

✎ Dǎ bāwǔ zhé.

✎ 打八五折。

113

라지 사이즈로 주십시오.

我要大号的。

161

Wǒ yào dàhào de.

편하게 보십시오.

随便看看。

162

Suíbiàn kànkan.

이 브랜드 어떻습니까?

这个牌子怎么样?

163

Zhège páizi zěnmeyàng?

＊牌子는 品牌(pǐnpái)라고도 합니다.

여기 피팅룸 있습니까?

这儿有试衣间吗?

164

Zhèr yǒu shìyījiān ma?

| STEP 2 병음 2번, 중국어 3번 쓰기 | STEP 3 말하기 |

✎ Wǒ yào dàhào de.

✎ 我要大号的。

✎ Suíbiàn kànkan.

✎ 随便看看。

✎ Zhège páizi zěnmeyàng?

✎ 这个牌子怎么样？

✎ Zhèr yǒu shìyījiān ma?

✎ 这儿有试衣间吗？

어디에서 계산합니까?

在哪儿付款?

165

Zài nǎr fùkuǎn?

＊여기서 款은 钱〔qián〕(돈)의 의미입니다.

이거 좀 포장해 주십시오.

请把这个包装一下。

166

Qǐng bǎ zhège bāozhuāng yíxià.

＊개사 把는 동작이 미치는 대상 즉, 목적어를 동사 앞으로 끌어내어 처치를 나타냅니다.

계산대에 가서 결제하십시오.

请您到收款处结账。

167

Qǐng nín dào shōukuǎnchù jiézhàng.

서명해 주십시오.

请签名。

168

Qǐng qiānmíng.

STEP 2 병음 2번, 중국어 3번 쓰기	STEP 3 말하기

✎ Zài nǎr fùkuǎn?

_____

✎ 在哪儿付款？

_____

✎ Qǐng bǎ zhège bāozhuāng yíxià.

_____

✎ 请把这个包装一下。

_____

✎ Qǐng nín dào shōukuǎnchù jiézhàng.

_____

✎ 请您到收款处结账。

_____

✎ Qǐng qiānmíng.

_____

✎ 请签名。

_____

이 말, 중국어로는 뭐라고 할까요? 다시 한 번 쓰면서 말해 보세요.

얼마입니까? Duōshao qián?

✎

좀 비싸네요. Yǒudiǎnr guì.

✎

이건 금년 신제품입니다. Zhè shì jīnnián de xīnkuǎn.

✎

좀 깎아 주실 수 있습니까? Néng piányi diǎnr ma?

✎

더 이상 싸게는 안 됩니다. Bù néng zài piányi le.

✎

1+1 행사입니다. Mǎi yī sòng yī.

✎

모두 다 팔렸습니다. Dōu màiwán le.

✎

다른 색깔도 있습니까? Yǒu méiyǒu qítā yánsè de?

✎

신용카드로 결제해도 됩니다. Nín kěyǐ shuākǎ.

화장품을 사고 싶습니다. Wǒ xiǎng mǎi huàzhuāngpǐn.

몇 프로 할인됩니까? Dǎ jǐ zhé?

거울에 비춰 보십시오. Zhào yíxià jìngzi.

싼 게 비지떡입니다. Yì fēn qián yì fēn huò.

인터넷에서 샀습니다. Zài wǎngshang mǎi de.

환불할 수 있습니까? Néng bu néng tuìhuò?

15% 할인됩니다. Dǎ bāwǔ zhé.

라지 사이즈로 주십시오. Wǒ yào dàhào de.

편하게 보십시오. Suíbiàn kànkan.

이 브랜드 어떻습니까? Zhège páizi zěnmeyàng?

여기 피팅룸 있습니까? Zhèr yǒu shìyījiān ma?

어디에서 계산합니까? Zài nǎr fùkuǎn?

이거 좀 포장해 주십시오. Qǐng bǎ zhège bāozhuāng yíxià.

계산대에 가서 결제하십시오. Qǐng nín dào shōukuǎnchù jiézhàng.

서명해 주십시오. Qǐng qiānmíng.

일단 듣기　회화 듣기

내 머릿속 지우개는 NO!
효과 100%
절대 암기법

일단 듣기 ➡ 쓰면서 자동 암기 ➡ 회화 연습

방문

일단 듣기

🎧 MP3 169-192

> ## STEP 1 일단 듣기

저희 집에 오신 것을 환영합니다.

欢迎您来我家。

Huānyíng nín lái wǒ jiā.

169
◔○○

초대해 주셔서 감사합니다.

谢谢您的邀请。

Xièxie nín de yāoqǐng.

170
○○○

어서 들어오십시오.

快请进。

Kuài qǐng jìn.

171
○○○

기다리고 있었습니다.

正等着您呢。

Zhèng děngzhe nín ne.

172
○○○

* 동사 뒤에 쓰인 **着**는 동작이 지속되고 있음을 나타냅니다.

STEP 2 병음 2번, 중국어 3번 쓰기 〉 **STEP 3** 말하기

✏️ Huānyíng nín lái wǒ jiā.

✏️ 欢迎您来我家。

✏️ Xièxie nín de yāoqǐng.

✏️ 谢谢您的邀请。

✏️ Kuài qǐng jìn.

✏️ 快请进。

✏️ Zhèng děngzhe nín ne.

✏️ 正等着您呢。

편히 앉으십시오.

请随便坐。

173

Qǐng suíbiàn zuò.

찾기 쉬우셨습니까?

这里好找吗?

174

Zhèli hǎo zhǎo ma?

* '好+1음절 동사'는 '~하기가 좋다'라는 뜻입니다.

제가 늦었습니다.

我来晚了。

175

Wǒ láiwǎn le.

이건 제 작은 성의입니다.

这是我的小小心意。

176

Zhè shì wǒ de xiǎoxiǎo xīnyì.

STEP 2 병음 2번, 중국어 3번 쓰기   ⟩ STEP 3 말하기

✎ Qǐng suíbiàn zuò.

_____

✎ 请随便坐。

_____

✎ Zhèli hǎo zhǎo ma?

_____

✎ 这里好找吗?

_____

✎ Wǒ láiwǎn le.

_____

✎ 我来晚了。

_____

✎ Zhè shì wǒ de xiǎoxiǎo xīnyì.

_____

✎ 这是我的小小心意。

_____

집을 정말 잘 꾸며 놓으셨습니다.

家里布置得真好。

Jiā li bùzhì de zhēn hǎo.

177

정말 행복합니다.

真的很幸福。

Zhēnde hěn xìngfú.

178

집을 좀 둘러보시겠습니까?

想参观一下我家吗？

Xiǎng cānguān yíxià wǒ jiā ma?

179

화장실은 어디에 있습니까?

卫生间在哪儿？

Wèishēngjiān zài nǎr?

180

＊卫生间은 洗手间（xǐshǒujiān）과 같은 표현입니다.

| STEP 2 병음 2번, 중국어 3번 쓰기 | STEP 3 말하기 |

Jiā li bùzhì de zhēn hǎo.

家里布置得真好。

Zhēnde hěn xìngfú.

真的很幸福。

Xiǎng cānguān yíxià wǒ jiā ma?

想参观一下我家吗？

Wèishēngjiān zài nǎr?

卫生间在哪儿？

방 두 칸에 거실 하나입니다.

是两室一厅的。

Shì liǎng shì yì tīng de.

181

*여기서 厅은 客厅[kètīng](거실)의 의미입니다.

많이 드십시오.

多吃一点儿。

Duō chī yìdiǎnr.

182

건배하십시다.

干杯吧。

Gànbēi ba.

183

*중국 사람들은 '干杯'를 외치면 반드시 술잔을 다비우는 풍습이 있습니다.

제가 한 잔 올리겠습니다.

我敬你一杯。

Wǒ jìng nǐ yì bēi.

184

| STEP 2 병음 2번, 중국어 3번 쓰기 | STEP 3 말하기 |

🖊 Shì liǎng shì yì tīng de.

🖊 是两室一厅的。

🖊 Duō chī yìdiǎnr.

🖊 多吃一点儿。

🖊 Gànbēi ba.

🖊 干杯吧。

🖊 Wǒ jìng nǐ yì bēi.

🖊 我敬你一杯。

식사는 어떠셨습니까?

您吃得怎么样?

Nín chī de zěnmeyàng?

185

정말 푸짐합니다.

真丰盛啊。

Zhēn fēngshèng a.

186

이제 가야겠습니다.

现在该走了。

Xiànzài gāi zǒu le.

*해야 할 일이 생각났을 때, 마땅히 무언가를 해야 할 때 '该~了'를 사용합니다.

187

즐거운 시간이었습니다.

玩儿得很开心。

Wánr de hěn kāixīn.

188

STEP 2 병음 2번, 중국어 3번 쓰기

STEP 3 말하기

✎ Nín chī de zěnmeyàng?

✎ 您吃得怎么样?

✎ Zhēn fēngshèng a.

✎ 真丰盛啊。

✎ Xiànzài gāi zǒu le.

✎ 现在该走了。

✎ Wánr de hěn kāixīn.

✎ 玩儿得很开心。

좀 더 있다 가십시오.

再呆一会儿吧。

189

Zài dāi yíhuìr ba.

*一会儿은 '짧은 시간, 잠시'라는 뜻입니다.

멀리 안 나갑니다.

我不送您了。

190

Wǒ bú sòng nín le.

*여기에서 送은 '배웅하다, 데려다주다'의 의미입니다.

우리 택시 타고 귀가합시다.

我们打车回家吧。

191

Wǒmen dǎchē huíjiā ba.

*打车는 동사 打와 명사 车가 조합된 표현으로 坐出租车(택시를 타다)와 같은 표현입니다.

즐거운 여정 되십시오.

祝您旅途愉快。

192

Zhù nín lǚtú yúkuài.

STEP 2 병음 2번, 중국어 3번 쓰기   **STEP 3 말하기**

✎ Zài dāi yíhuìr ba.

✎ 再呆一会儿吧。

✎ Wǒ bú sòng nín le.

✎ 我不送您了。

✎ Wǒmen dǎchē huíjiā ba.

✎ 我们打车回家吧。

✎ Zhù nín lǚtú yúkuài.

✎ 祝您旅途愉快。

이 말, 중국어로는 뭐라고 할까요? 다시 한 번 쓰면서 말해 보세요.

저희 집에 오신 것을 환영합니다. Huānyíng nín lái wǒ jiā.

초대해 주셔서 감사합니다. Xièxie nín de yāoqǐng.

어서 들어오십시오. Kuài qǐng jìn.

기다리고 있었습니다. Zhèng děngzhe nín ne.

편히 앉으십시오. Qǐng suíbiàn zuò.

찾기 쉬우셨습니까? Zhèli hǎo zhǎo ma?

제가 늦었습니다. Wǒ láiwǎn le.

이건 제 작은 성의입니다. Zhè shì wǒ de xiǎoxiǎo xīnyì.

집을 정말 잘 꾸며 놓으셨습니다. Jiā li bùzhì de zhēn hǎo.

✎

정말 행복합니다. Zhēnde hěn xìngfú.

✎

집을 좀 둘러보시겠습니까? Xiǎng cānguān yíxià wǒ jiā ma?

✎

화장실은 어디에 있습니까? Wèishēngjiān zài nǎr?

✎

방 두 칸에 거실 하나입니다. Shì liǎng shì yì tīng de.

✎

많이 드십시오. Duō chī yìdiǎnr.

✎

건배하십시다. Gànbēi ba.

✎

제가 한 잔 올리겠습니다. Wǒ jìng nǐ yì bēi.

✎

식사는 어떠셨습니까? Nín chī de zěnmeyàng?

✎

정말 푸짐합니다. Zhēn fēngshèng a.

✎

이제 가야겠습니다. Xiànzài gāi zǒu le.

✎

즐거운 시간이었습니다. Wánr de hěn kāixīn.

✎

좀 더 있다 가십시오. Zài dāi yíhuìr ba.

✎

멀리 안 나갑니다. Wǒ bú sòng nín le.

✎

우리 택시 타고 귀가합시다. Wǒmen dǎchē huíjiā ba.

✎

즐거운 여정 되십시오. Zhù nín lǚtú yúkuài.

✎

회화 전체
들어보기
🎧 MP3 169-192

회화 전체
말해보기
🎧 MP3 169-192

136

일도 여행처럼 후훗
출장

일단 듣기

회화 듣기

내 머릿속 지우개는 NO!
효과 100%
절대 암기법

일단 듣기 ➡️ 쓰면서 자동 암기 ➡️ 회화 연습

여행회화	▶ STEP 1 일단 듣기

중국에는 처음 오셨습니까?

第一次来中国吗?

Dì yī cì lái Zhōngguó ma?

193

＊'第一(제1)'와 같은 서수 표현에서 숫자 1은 원래 성조(1성)대로 읽습니다.

공항에 마중 나와 주셔서 감사합니다.

谢谢你来机场接我。

Xièxie nǐ lái jīchǎng jiē wǒ.

194

＊接(마중하다)의 반대말은 送(배웅하다)입니다.

처음 뵙겠습니다.

初次见面。

Chūcì jiànmiàn.

195

오시는 데 편안하셨습니까?

一路上顺利吗?

Yílù shang shùnlì ma?

196

STEP 2 병음 2번, 중국어 3번 쓰기　　　　　STEP 3 말하기

✎ Dì yī cì lái Zhōngguó ma?

✎ 第一次来中国吗?

✎ Xièxie nǐ lái jīchǎng jiē wǒ.

✎ 谢谢你来机场接我。

✎ Chūcì jiànmiàn.

✎ 初次见面。

✎ Yílù shang shùnlì ma?

✎ 一路上顺利吗?

잘 부탁드립니다.

请多多关照。

Qǐng duōduō guānzhào.

197

말씀 많이 들었습니다.

久仰您的大名。

Jiǔyǎng nín de dàmíng.

＊大名은 '명성, 존함'의 뜻입니다.

198

이분은 저희 사장님이십니다.

这位是我们的总经理。

Zhè wèi shì wǒmen de zǒngjīnglǐ.

＊位는 사람을 세는 양사로서, 공경의 뜻을 가지고 있습니다.

199

저는 서울에서 왔습니다.

我来自首尔。

Wǒ láizì Shǒu'ěr.

＊自는 从과 같은 의미이지만, 쓰임에 차이가 있습니다.

200

STEP 2 병음 2번, 중국어 3번 쓰기	STEP 3 말하기

✎ Qǐng duōduō guānzhào.

✎ 请多多关照。

✎ Jiǔyǎng nín de dàmíng.

✎ 久仰您的大名。

✎ Zhè wèi shì wǒmen de zǒngjīnglǐ.

✎ 这位是我们的总经理。

✎ Wǒ láizì Shǒu'ěr.

✎ 我来自首尔。

141

회의실로 모시겠습니다.

我带您去会议室。

Wǒ dài nín qù huìyìshì.

201

차가 밖에 대기 중입니다.

车在外边等我们。

Chē zài wàibian děng wǒmen.

202

저희의 샘플을 봐 주십시오.

请看我们的样品。

Qǐng kàn wǒmen de yàngpǐn.

203

이 제품은 반응이 좋습니다.

这一产品很受欢迎。

Zhè yì chǎnpǐn hěn shòu huānyíng.

*受欢迎은 '환영을 받는다', 즉 '인기가 많다'라는 뜻이 됩니다.

204

| STEP 2 병음 2번, 중국어 3번 쓰기 | STEP 3 말하기 |

✎ Wǒ dài nín qù huìyìshì.

✎ 我带您去会议室。

✎ Chē zài wàibian děng wǒmen.

✎ 车在外边等我们。

✎ Qǐng kàn wǒmen de yàngpǐn.

✎ 请看我们的样品。

✎ Zhè yì chǎnpǐn hěn shòu huānyíng.

✎ 这一产品很受欢迎。

가격은 협상이 가능합니다.

价格可以协商。

Jiàgé kěyǐ xiéshāng.

205

귀사 제품에 만족합니다.

对你们的产品很满意。

Duì nǐmen de chǎnpǐn hěn mǎnyì.

206

＊ '对A满意'는 'A에 만족하다'라는 뜻입니다.

양해해 주십시오.

请原谅。

Qǐng yuánliàng.

207

품질이 무엇보다 중요합니다.

质量比什么都重要。

Zhìliàng bǐ shénme dōu zhòngyào.

208

＊ '比什么都A'는 '무엇보다 A하다'라는 뜻으로 일종의 최상급 표현입니다.

144

✎ Jiàgé kěyǐ xiéshāng.

✎ 价格可以协商。

✎ Duì nǐmen de chǎnpǐn hěn mǎnyì.

✎ 对你们的产品很满意。

✎ Qǐng yuánliàng.

✎ 请原谅。

✎ Zhìliàng bǐ shénme dōu zhòngyào.

✎ 质量比什么都重要。

팩스로 보내 주십시오.

你发传真给我吧。

209

Nǐ fā chuánzhēn gěi wǒ ba.

＊팩스, 이메일 등을 보낼 때 동사 '发'를 씁니다.

전시회를 관람하고 싶습니다.

我想去看展览会。

210

Wǒ xiǎng qù kàn zhǎnlǎnhuì.

어디에서 열립니까?

在哪儿举行?

211

Zài nǎr jǔxíng?

5,000개 주문하겠습니다.

我订购五千个。

212

Wǒ dìnggòu wǔqiān ge.

STEP 2 병음 2번, 중국어 3번 쓰기	STEP 3 말하기

✎ Nǐ fā chuánzhēn gěi wǒ ba.

✎ 你发传真给我吧。

✎ Wǒ xiǎng qù kàn zhǎnlǎnhuì.

✎ 我想去看展览会。

✎ Zài nǎr jǔxíng?

✎ 在哪儿举行？

✎ Wǒ dìnggòu wǔqiān ge.

✎ 我订购五千个。

거래가 성사되었습니다.

成交了。

Chéngjiāo le.

213

회의는 이것으로 마치겠습니다.

会议到此结束。

Huìyì dàocǐ jiéshù.

＊此는 '这(이)'의 의미입니다.

214

내일 바로 계약합시다.

明天我们就签合同吧。

Míngtiān wǒmen jiù qiān hétong ba.

＊签合同은 '계약서(合同)에 서명하다(签)'라는 의미입니다.

215

우리 자주 연락합시다.

咱们以后常联系。

Zánmen yǐhòu cháng liánxì.

＊여기서 常은 '经常, 常常'의 의미입니다.

216

✎ Chéngjiāo le.

_____

✎ 成交了。

_____

✎ Huìyì dàocǐ jiéshù.

_____

✎ 会议到此结束。

_____

✎ Míngtiān wǒmen jiù qiān hétong ba.

_____

✎ 明天我们就签合同吧。

_____

✎ Zánmen yǐhòu cháng liánxì.

_____

✎ 咱们以后常联系。

_____

이 말, 중국어로는 뭐라고 할까요? 다시 한 번 쓰면서 말해 보세요.

중국에는 처음 오셨습니까? Dì yī cì lái Zhōngguó ma?

🖊

공항에 마중 나와 주셔서 감사합니다. Xièxie nǐ lái jīchǎng jiē wǒ.

🖊

처음 뵙겠습니다. Chūcì jiànmiàn.

🖊

오시는 데 편안하셨습니까? Yílù shang shùnlì ma?

🖊

잘 부탁드립니다. Qǐng duōduō guānzhào.

🖊

말씀 많이 들었습니다. Jiǔyǎng nín de dàmíng.

🖊

이분은 저희 사장님이십니다. Zhè wèi shì wǒmen de zǒngjīnglǐ.

🖊

저는 서울에서 왔습니다. Wǒ láizì Shǒu'ěr.

🖊

회의실로 모시겠습니다. Wǒ dài nín qù huìyìshì.

✎

차가 밖에 대기 중입니다. Chē zài wàibian děng wǒmen.

✎

저희의 샘플을 봐 주십시오. Qǐng kàn wǒmen de yàngpǐn.

✎

이 제품은 반응이 좋습니다. Zhè yì chǎnpǐn hěn shòu huānyíng.

✎

가격은 협상이 가능합니다. Jiàgé kěyǐ xiéshāng.

✎

귀사 제품에 만족합니다. Duì nǐmen de chǎnpǐn hěn mǎnyì?

✎

양해해 주십시오. Qǐng yuánliàng.

✎

품질이 무엇보다 중요합니다. Zhìliàng bǐ shénme dōu zhòngyào.

✎

팩스로 보내 주십시오. Nǐ fā chuánzhēn gěi wǒ ba.

전시회를 관람하고 싶습니다. Wǒ xiǎng qù kàn zhǎnlǎnhuì.

어디에서 열립니까? Zài nǎr jǔxíng?

5,000개 주문하겠습니다. Wǒ dìnggòu wǔqiān ge.

거래가 성사되었습니다. Chéngjiāo le.

회의는 이것으로 마치겠습니다. Huìyì dàocǐ jiéshù.

내일 바로 계약합시다. Míngtiān wǒmen jiù qiān hétong ba.

우리 자주 연락합시다. Zánmen yǐhòu cháng liánxì.

회화 전체
들어보기
🎧 MP3 193-216

회화 전체
말해보기
🎧 MP3 193-216

필순까지 한 번에 익히는
여행 단어 간체자 쓰기

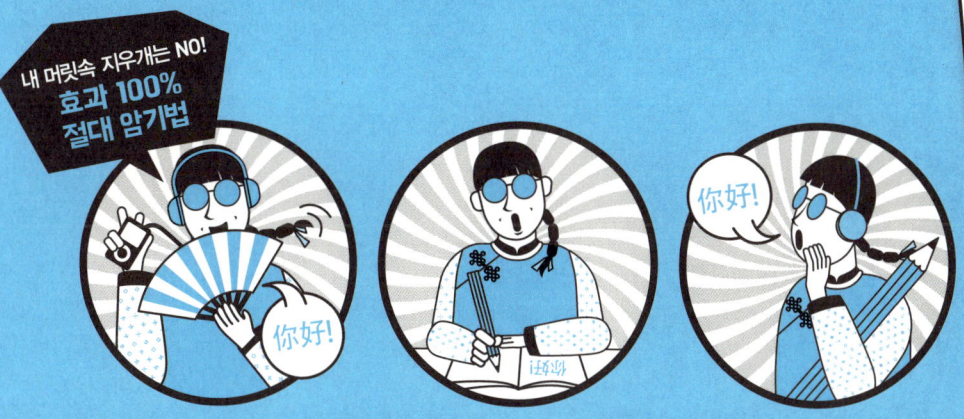

내 머릿속 지우개는 NO!
**효과 100%
절대 암기법**

일단 듣기 ➡ 쓰면서 자동 암기 ➡ 회화 연습

按

누를 안
9画·扌部

àn ~에 의거하여, ~에 따라서, 누르다

按次 àncì 순서에 따라, 차례대로 / **按照** ànzhào ~에 따라, ~에 근거하여

按按按按按按按按按

败
(敗)

패할 패
8画·贝部

bài 패배하다, 실패하다

打败 dǎbài 쳐서 물리치다, 싸워서 이기다 / **失败** shībài 실패하다

败败败败败败败败

杯

잔 배
8画·木部

bēi 잔, 트로피

杯子 bēizi 잔 / **茶杯** chábēi 찻잔

杯杯杯杯杯杯杯杯

背

등 배
9画·月部

bēi / bèi 업다, 등, 뒤, 암기하다

背后 bèihòu 배후, 뒤에서, 남몰래 / **背影** bèiyǐng 뒷모습

背背背背背背背背背

倍

곱 배
10画·亻部

bèi 곱절, 갑절로 늘다

倍数 bèishù 배수 / **倍增** bèizēng 배가하다, 갑절로 늘다

倍倍倍倍倍倍倍倍倍倍

bǐ 붓, 글을 쓰다

铅笔 qiānbǐ 연필 / 亲笔 qīnbǐ 친필

(筆)

붓 필
10画 · 竹部

币
(幣)

돈 폐
4画 · 巾部

bì 화폐

货币 huòbì 화폐 / 钱币 qiánbì 돈, 화폐

币币币币

币 币

标
(標)

표 표
9画 · 木部

biāo 기호, 표지

标记 biāojì 기호, 표지 / 标准 biāozhǔn 기준, 표준

标 标

兵

군사 병
7画 · 八部

bīng 병사, 병기

兵力 bīnglì 병력 / 兵士 bīngshì 병사

兵 兵

布

베 포
5画 · 巾部

bù 천, 선포하다

布告 bùgào 게시, 포고 / 宣布 xuānbù 발표하다, 선포하다

布 布

材

재목 재

7画·木部

cái 재목, 자료

材料 cáiliào 재료 / 教材 jiàocái 교재

财
(財)

재물 재

7画·贝部

cái 재물

财产 cáichǎn 재산, 자산 / 财运 cáiyùn 재운, 돈복

采

캘 채

8画·爪部

cǎi 수집하다, 채택하다

采集 cǎijí 채집하다 / 采用 cǎiyòng 채용하다

参
(參)

참여할 참

8画·厶部

cān / shēn 참여하다, 인삼

参加 cānjiā 참가하다 / 人参 rénshēn 인삼

层
(層)

겹 층

7画·尸部

céng 계급, 층

层层 céngcéng 겹겹이 쌓이거나 포개어지다 / 十层 shícéng 10층

查
조사할 사
9画 · 木部

chá 검사하다, 조사하다
调查 diàochá 조사하다 / 检查 jiǎnchá 검사하다

查查查查查查查查查

查　查

朝
아침 조
12画 · 月部

cháo / zhāo ~로 향하다, 왕조, 날, 아침
朝代 cháodài 왕조의 연대(年代) / 朝夕 zhāoxī 아침저녁, 짧은 시간

朝朝朝朝朝朝朝朝朝朝朝朝

朝　朝

称
（稱）
일컬을 칭
10画 · 禾部

chēng / chèn 무게를 달다, 칭하다, 마음에 들다
称呼 chēnghu 부르다, 호칭(하다) / 称赞 chēngzàn 칭찬(하다)

称称称称称称称称称称

称　称

城
성 성
9画 · 土部

chéng 성벽, 도시
城墙 chéngqiáng 성벽 / 城市 chéngshì 도시

城城城城城城城城城

城　城

持
가질 지
9画 · 扌部

chí 지키다, 주관하다
持久 chíjiǔ 오래 지속되다, 오래 끌다 / 保持 bǎochí 유지하다, 지키다

持持持持持持持持持

持　持

chǐ 자, 척

尺寸 chǐcun 사이즈, 치수 / 尺度 chǐdù 척도, 표준

자 척
4画·尸部

chóng 벌레, 곤충

虫子 chóngzi 벌레 / 糊涂虫 hútuchóng 바보, 멍텅구리

벌레 충
6画·虫部

chuān 하천, 쓰촨 성

河川 héchuān 하천 / 川菜 chuāncài 쓰촨 요리

내 천
3画·丿部

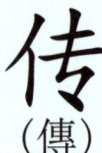

chuán / zhuàn 전하다, 전기

传告 chuángào 전달하다, 전언하다 / 传统 chuántǒng 전통

传传传传传传

전할 전
6画·亻部

chuán 배

船舶 chuánbó 선박 / 乘船 chéngchuán 배를 타다

船船船船船船船船船船船

배 선
11画·舟部

词
(詞)

말 사

7画·讠部

cí 단어, 말

词典 cídiǎn 사전 / 词汇 cíhuì 어휘, 낱말

村

마을 촌

7画·木部

cūn 마을, 촌락

农村 nóngcūn 농촌 / 渔村 yúcūn 어촌

寸

마디 촌

3画·寸部

cùn 촌, 아주 짧은

寸步 cùnbù 아주 가까운 거리 / 尺寸 chǐcun 사이즈, 치수

代

대신할 대

5画·亻部

dài 대신하다, 시대

代表 dàibiǎo 대표(하다), 대신하다, 나타내다 / 现代 xiàndài 현대

但

다만 단

7画·亻部

dàn 단지, 그러나

但是 dànshì 그러나 / 不但 búdàn ~뿐만 아니라

倒
넘어질 도
10画 · 刂部

dǎo / dào 넘어지다, 거꾸로 되다, 오히려, 도리어

倒霉 dǎoméi 재수없는 일을 당하다 / 倒是 dàoshì 오히려

 倒倒倒倒倒倒倒倒倒倒

德
덕 덕
15画 · 彳部

dé 도덕

德行 déxíng 덕행 / 道德 dàodé 도덕

 德德德德德德德德德德德德德

登
오를 등
12画 · 癶部

dēng 오르다, 기재하다

登山 dēngshān 등산하다 / 登台 dēngtái 무대에 오르다

 登登登登登登登登登登登登

低
낮을 저
7画 · 亻部

dī 낮다

低落 dīluò 떨어지다, 하락하다 / 低温 dīwēn 저온

低低低低低低低

敌
(敵)
적 적
10画 · 攵部

dí 원수, 적

敌人 dírén 적 / 敌手 díshǒu 적수, 맞수

 敌敌敌敌敌敌敌敌敌敌

帝
임금 제
9画 · 巾部

dì 임금, 황제
上帝 shàngdì 하느님 / 皇帝 huángdì 황제

帝帝帝帝帝帝帝帝帝

帝　帝

典
법 전
8画 · 八部

diǎn 표준, 의식
典礼 diǎnlǐ 의식 / 典型 diǎnxíng 전형

典典典典典典典典

典　典

订 (訂)
바로잡을 정
4画 · 讠部

dìng 정하다, 예약하다, 주문하다, 정정하다
订货 dìnghuò 물품을 주문하다 / 订立 dìnglì (계약 등을) 맺다, 체결하다

订订订订

订　订

丢
잃어버릴 주
6画 · 厶部

diū 잃다, 유실하다, 던지다
丢掉 diūdiào 잃다, 내버리다 / 丢人 diūrén 체면이 서지 않다, 망신스럽다

丢丢丢丢丢丢

丢　丢

毒
독 독
9画 · 毋部

dú 독, 해로운 것
毒害 dúhài 독살하다, 해치다 / 中毒 zhòngdú 중독되다

毒毒毒毒毒毒毒毒毒

毒　毒

度

법도 도
9画 · 广部

dù 경도 · 위도 · 온도 등의 단위, (시간을) 보내다, 지내다

温度 wēndù 온도 / 度过 dùguò 지내다, 보내다

 度度度度度度度度度

 度 度

段

구분 단
9画 · 殳部

duàn 토막, 단락, 구간

段落 duànluò 단락, 구분 / 手段 shǒuduàn 수단, 방법

 段段段段段段段段段

 段 段

凡

무릇 범
3画 · 几部

fán 평범하다

凡是 fánshì 대체로, 무릇 / 平凡 píngfán 평범하다

 凡凡凡

 凡 凡

防

막을 방
6画 · 左阝 部

fáng 막다, 지키다

堤防 dīfáng 제방 / 预防 yùfáng 예방하다

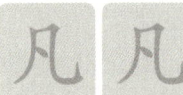 防防防防防防

 防 防

夫

지아비 부
4画 · 大部

fū 남편, 남자

夫人 fūren 부인 / 农夫 nóngfū 농부

 夫夫夫夫

 夫 夫

负 (負)
질 부
6画 · 贝部

fù 짊어지다, 임무를 맡다

负担 fùdān 부담하다 / 负责 fùzé 책임지다

负负负负负负

妇 (婦)
지어미 부
6画 · 女部

fù 부녀자, 아내

妇女 fùnǚ 부녀(자), 여성 / 妇人 fùrén 부인

妇妇妇妇妇妇

该 (該)
갖출 해
8画 · 讠部

gāi 차례가 되다, 마땅히 ~해야 한다

该当 gāidāng 해당하다, 당연하다, 마땅하다 / 应该 yīnggāi 마땅히 ~해야 한다

该该该该该该该该

感
느낄 감
13画 · 心部

gǎn 느끼다, 감동하다

感动 gǎndòng 감동하다 / 感冒 gǎnmào 감기 걸리다

感感感感感感感感感感感

告
고할 고
7画 · 口部

gào 알리다, 설명하다

告别 gàobié 헤어지다, 작별을 고하다 / 告诉 gàosu 알리다, 말하다

告告告告告告告

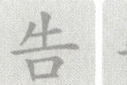     

革
가죽 혁
9画 · 革部

gé 혁신하다, 고치다

改革 gǎigé 개혁(하다) / 革新 géxīn 혁신(하다)

革革革革革革革革革

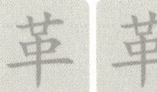 

格
바로잡을 격
10画 · 木部

gé 격식, 규칙

格式 géshi 격식, 양식 / 合格 hégé 규격에 맞다, 합격(하다)

格格格格格格格格格格

根
뿌리 근
10画 · 木部

gēn 뿌리, 근원

根本 gēnběn 근본 / 根据 gēnjù 근거하다, 의거하다, 따르다

根根根根根根根根根根

供
이바지할 공
8画 · 亻部

gōng / gòng 공급하다, 공물

供给 gōngjǐ 공급하다/ 提供 tígōng 제공하다

供供供供供供供供

够
많을 구
11画 · 夕部

gòu 충분하다

够格 gòugé 부합되다, 걸맞다 / 够呛 gòuqiàng 힘겹다, 지독하다

够够够够够够够够够够够

姑
고모 고
8画 · 女部

gū 고모, 시누이
姑姑 gūgu 고모 / 姑娘 gūniang 처녀, 아가씨

姑 姑 姑 姑 姑 姑 姑 姑

姑　姑

固
굳을 고
8画 · 口部

gù 튼튼하다, 굳다
固定 gùdìng 고정된, 고정하다 / 固然 gùrán 물론 ~지만, 물론 ~거니와

固 固 固 固 固 固 固 固

固　固

官
벼슬 관
8画 · 宀部

guān 관리, 관청
官员 guānyuán 관리, 관원 / 外交官 wàijiāoguān 외교관

官 官 官 官 官 官 官 官

官　官

管
관 관
14画 · 竹部

guǎn 관리하다, 간섭하다, 관, 대롱
管道 guǎndào 파이프, 도관 / 管理 guǎnlǐ 관리(하다), 관할(하다)

管 管 管 管 管 管 管 管 管 管 管 管 管 管

管　管

规
(規)
법 규
8画 · 见部

guī 규칙, 규정
规定 guīdìng 규정(하다) / 规格 guīgé 규격

规 规 规 规 规 规 规 规

规　规

何

어찌 하

7画·亻部

hé 무엇, 왜

何况 hékuàng 하물며, 더군다나 / 何时 héshí 언제

河

물 하

8画·氵部

hé 강, 하천

河水 héshuǐ 강물 / 河口 hékǒu 하구

红
(紅)

붉을 홍

6画·纟部

hóng 붉다

红茶 hóngchá 홍차 / 红色 hóngsè 적색, 붉은 빛깔

滑

미끄러울 활

12画·氵部

huá 미끄럽다, 교활하다

滑冰 huábīng 스케이트를 타다 / 滑雪 huáxuě 스키를 타다

划
(劃)

그을 획

6画·刂部

huá / huà 젓다, 자르다, 나누다

划一 huàyī 획일적이다, 일률적이다 / 划分 huàfēn 구분하다, 구획하다

166

坏 (壊)
무너뜨릴 괴
7画 · 土部

huài 나쁘다, 고장나다
坏处 huàichu 결점, 나쁜 점, 해로운 점 / 坏人 huàirén 나쁜 사람

或
혹 혹
8画 · 戈部

huò 혹은, 아마도
或是 huòshi ~이거나 ~이다, 아마, 혹시 / 或者 huòzhě 아마, 어쩌면, 혹시

击 (擊)
칠 격
5画 · 凵部

jī 두드리다, 공격하다
击中 jīzhòng 명중하다, 맞히다 / 攻击 gōngjī 공격하다, 비난하다

基
터 기
11画 · 土部

jī 기초적인, 근거하다
基本 jīběn 기본, 근본 / 基地 jīdì 기지

及
미칠 급
3画 · 丿部

jí 이르다, 및
及格 jígé 합격하다 / 及时 jíshí 제때에, 시기가 적절하다

极
(極)

극 극
7画 · 木部

jí 지극히, 극
极端 jíduān 극단적인, 극단적으로, 극도로 / **极了** jíle 극히, 아주, 몹시, 매우

极 极 极 极 极 极 极

集

모일 집
12画 · 隹部

jí 수집하다, 모으다
集中 jízhōng 집중하다, 모이다 / **收集** shōují 수집하다

集集集集集集集集集集集集

计
(計)

셀 계
4画 · 讠部

jì 계산하다, 계획하다
计划 jìhuà 계획(하다) / **计算** jìsuàn 계산(하다)

计 计 计 计

技

재주 기
7画 · 扌部

jì 기능, 솜씨
技术 jìshù 기술 / **技艺** jìyì 기예, 솜씨

技技技技技技技

际
(際)

사이 제
7画 · 阝部

jì 상호 간, 사이, 만나다, 교제하다
际遇 jìyù 기회를 만나다, 경우, 처지 / **国际** guójì 국제

际际际际际际际

季
철 계
8画 · 禾部

jì 계절, 절기
季节 jìjié 계절 / 四季 sìjì 사계

季季季季季季季季

既
이미 기
9画 · 无部

jì 이미, 벌써
既往 jìwǎng 기왕 / 既然 jìrán 이미 이렇게 된 바에야, 기왕 그렇게 된 이상

既既既既既既既既既

坚
(堅)
굳을 견
7画 · 土部

jiān 견고하다, 확고하다
坚持 jiānchí (주장을) 견지하다, 고수하다 / 坚固 jiāngù 견고하다, 굳히다

坚坚坚坚坚坚坚

监
(監)
볼 감
10画 · 皿部

jiān 감시하다
监视 jiānshì 감시하다 / 监狱 jiānyù 감옥

监监监监监监监监监监

江
물 이름 강
6画 · 氵部

jiāng 강
江湖 jiānghú 강과 호수 / 江山 jiāngshān 강산, 산하

江江江江江江

角
뿔 각
7画 · 角部

jiǎo / jué 뿔, 배역
角度 jiǎodù 각도, 사물을 바라보는 관점 / **角色** juésè 배역, 인물

脚
다리 각
11画 · 月部

jiǎo 발, 다리
脚步 jiǎobù 보폭, (발)걸음, 걸음걸이 / **脚下** jiǎoxià 발밑

阶 (階)
섬돌 계
6画 · 左阝部

jiē 계단, 등급
阶级 jiējí 계급 / **阶梯** jiētī 층층대, 계단

节 (節)
마디 절
5画 · 艹部

jié 절약하다, 마디
节目 jiémù 종목, 프로그램, 목록 / **节约** jiéyuē 절약하다

界
지경 계
9画 · 田部

jiè 경계, 범위
世界 shìjiè 세계, 세상 / **限界** xiànjiè 한계, 경계

紧
（緊）
팽팽할 긴
10画 · 糸部

jǐn 절박하다, 팽팽하다
紧急 jǐnjí 긴급하다, 절박하다 / **紧张** jǐnzhāng 긴장하다, 긴박하다

紧紧紧紧紧紧紧紧紧紧

精
자세할 정
14画 · 米部

jīng 정밀하다, 훌륭하다
精彩 jīngcǎi 훌륭하다, 다채롭다 / **精神** jīngshén 정신, 사상

精精精精精精精精精精精精精精

究
궁구할 구
7画 · 穴部

jiū 탐구하다, 도대체
究竟 jiūjìng 결국, 어쨌든, 도대체 / **研究** yánjiū 연구(하다)

究究究究究究究

旧
（舊）
예 구
5画 · 日部

jiù 과거의, 낡다
旧都 jiùdū 옛 도읍 / **旧式** jiùshì 구식(의), 구형(의)

旧旧旧旧旧

具
갖출 구
8画 · 八部

jù 도구, 갖추다, 구비하다
具备 jùbèi 갖추다, 구비하다 / **家具** jiāju 가구, 세간

具具具具具具具具

据(據)
의거할 거
11画·扌部

jù 근거하다, ~에 따르면
据说 jùshuō 말하는 바에 의하면, 듣건대 / 根据 gēnjù 근거(하다), 의거(하다)

据据据据据据据据据据据

均
고를 균
7画·土部

jūn 고르다, 균등하다
均等 jūnděng 균등하다, 같다, 고르다 / 均分 jūnfēn 고르게 배분하다

均均均均均均均

靠
기댈 고
15画·非部

kào ~에 기대다, 의지하다
靠近 kàojìn 가깝다, 근접하다 / 可靠 kěkào 믿음직하다, 신뢰할 만하다

靠靠靠靠靠靠靠靠靠靠靠靠靠靠靠

克(剋)
이길 극
7画·儿部

kè 극복하다, ~할 수 있다
克服 kèfú 극복하다, 이겨내다 / 克己 kèjǐ 극기하다, 자제하다

克克克克克克克

空
하늘 공
8画·穴部

kōng / kòng 공중, 비다, 틈, 짬
空气 kōngqì 공기 / 空儿 kòngr 틈, 여가

空空空空空空空空

宽
（寬）
너그러울 관
10画 · 宀部

kuān 넓다, 여유롭다
宽大 kuāndà 크다, 넓다, (마음이) 관대하다 / 宽余 kuānyú 여유롭다

宽宽宽宽宽宽宽宽宽宽

| 宽 | 宽 | | | | |

类
（類）
무리 류
9画 · 米部

lèi 종류, 유사하다
类似 lèisì 유사하다, 비슷하다 / 类型 lèixíng 유형

| 类 | 类 | | | | |

礼
（禮）
예도 례
5画 · 礻部

lǐ 예의, 선물
礼貌 lǐmào 예의 (바르다) / 礼物 lǐwù 선물, 예물

| 礼 | 礼 | | | | |

历
（歷, 曆）
지낼 력
4画 · 厂部

lì 겪다, 경험하다, 책력
历程 lìchéng (지나온) 노정, 역사적 과정 / 历史 lìshǐ 역사

| 历 | 历 | | | | |

例
법식 례
8画 · 亻部

lì 예, 규칙
例如 lìrú 예를 들면, 예컨대 / 例外 lìwài 예외(로 하다)

| 例 | 例 | | | | |

连
(連)
이을 련
7画 · 辶部

lián 연결하다, 연이어
连带 liándài 서로 관련되다, 연대하다 / **连接** liánjiē (사물이) 서로 잇닿다

连连连连连连连

联
(聯)
연할 련
12画 · 耳部

lián 연결하다, 결합하다
联合 liánhé 연합(하다), 결합(하다) / **联络** liánluò 연락하다

联联联联联联联联联联联联

良
어질 량
7画 · 艮部

liáng 훌륭하다, 좋다
良好 liánghǎo 양호하다, 좋다 / **良心** liángxīn 양심

良良良良良良良

料
헤아릴 료
10画 · 米部

liào 재료, 예측하다
材料 cáiliào 재료, 자재, 자료, 자질, 소질 / **原料** yuánliào 원료

料料料料料料料料料料

列
줄 렬
6画 · 刂部

liè 늘어놓다, 대열
列车 lièchē 열차 / **排列** páiliè 배열하다

列列列列列列

领
（領）

목 령
11画 · 页部

lǐng 목, 인솔하다

领导 lǐngdǎo 지도하다, 영도하다, 지도자 / 领土 lǐngtǔ 영토, 국토

领领领领领领领领领领领

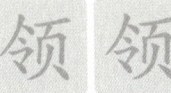

龙
（龍）

용 룡
5画 · 龙部

lóng 용, 천자

龙袍 lóngpáo 용포 / 恐龙 kǒngóng 공룡

龙龙龙龙龙

轮
（輪）

바퀴 륜
8画 · 车部

lún 바퀴, 바퀴처럼 둥근 모양을 한 것

轮船 lúnchuán (증)기선 / 车轮 chēlún 수레바퀴, 차바퀴

轮轮轮轮轮轮轮轮

落

떨어질 락
12画 · 艹部

luò 떨어지다, 빠지다

落後 luòhòu 낙오하다, 낙후되다, 뒤떨어지다 / 村落 cūnluò 마을, 촌락

落落落落落落落落落落落落

毛

털 모
4画 · 毛部

máo 털, 깃

毛笔 máobǐ 붓 / 发毛 fāmáo 두려워하다, 겁이 나다

毛毛毛毛

梦 (夢)

mèng 꿈, 공상

梦见 mèngjiàn 꿈꾸다, 꿈에 보다 / 梦想 mèngxiǎng 몽상(하다)

꿈 몽
11画 · 夕部

米

mǐ 쌀

米饭 mǐfàn 쌀밥 / 大米 dàmǐ 쌀

쌀 미
6画 · 米部

命

mìng 생명, 명령하다

生命 shēngmìng 생명 / 命令 mìnglìng 명령(하다)

목숨 명
8画 · 口部

木

mù 나무, 마비되다

木材 mùcái 목재 / 麻木 mámù 마비되다, 저리다

나무 목
4画 · 木部

目

mù 눈, 목록

目前 mùqián 현재 / 目录 mùlù 목록, 목차, 차례

눈 목
5画 · 目部

奶

젖 내
5画 · 女部

nǎi 젖

奶粉 nǎifěn 분유 / 奶奶 nǎinai 할머니

奶奶奶奶奶

耐

견딜 내
9画 · 而部

nài 참다, 견디다

忍耐 rěnnài 참다, 인내하다 / 耐性 nàixìng 인내심

耐耐耐耐耐耐耐耐耐

闹
(鬧)

시끄러울 뇨
8画 · 门部

nào 시끄럽다, 번화하다

闹事 nàoshì 소란을 피우다 / 热闹 rènao 번화하다, 시끌벅적하다

闹闹闹闹闹闹闹闹

弄

희롱할 롱
7画 · 王部

nòng 장난하다, 하다

弄错 nòngcuò 실수하다, 잘못하다 / 玩弄 wánnòng 희롱하다, 장난치다

弄弄弄弄弄弄弄

暖

따뜻할 난
13画 · 日部

nuǎn 따뜻하다, 온화하다

暖和 nuǎnhuo 따뜻하다 / 暖气 nuǎnqì 스팀, (난방용) 증기

暖暖暖暖暖暖暖暖暖暖暖暖暖

怕
두려워할 파
8画 · 忄部

pà 무서워하다, 아마
害怕 hàipà 무섭다 / 哪怕 nǎpà 설사 ~라 하더라도

怕怕怕怕怕怕怕怕

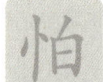 

排
늘어설 배
11画 · 扌部

pái 배열하다, 줄
排行 páiháng 줄지어 서다, 항렬 / 排球 páiqiú 배구

排排排排排排排排排排排

 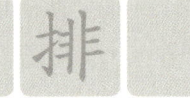

跑
달릴 포
12画 · 足部

pǎo 달리다, 분주하게 다니다
跑步 pǎobù 구보를 하다 / 跑生意 pǎo shēngyi 떠돌며 장사하다

跑跑跑跑跑跑跑跑跑跑跑跑

配
아내 배
10画 · 酉部

pèi 배우자, 결합하다
配偶 pèi'ǒu 배필, 배우자 / 配合 pèihé 협동하다, 협력하다

配配配配配配配配配配

皮
가죽 피
5画 · 皮部

pí 가죽, 표면
皮包 píbāo 가죽 가방 / 皮肤 pífū 피부

皮皮皮皮皮

片
조각 편
4画 · 片部

piàn / piān 조각, 판, 영화, 드라마
片子 piànzi 조각 / 唱片儿 chàngpiānr 음반, 레코드

片片片片

迫
닥칠 박
8画 · 辶部

pò / pǎi 핍박하다, 억압하다
迫害 pòhài 박해(하다) / 迫切 pòqiè 절실하다, 절박하다

迫迫迫迫迫迫迫迫

破
깨뜨릴 파
10画 · 石部

pò 깨뜨리다, 찢어지다
破产 pòchǎn 파산하다 / 破坏 pòhuài 파괴하다, 훼손하다

破破破破破破破破破破

奇
기이할 기
8画 · 大部

qí 기이하다
奇才 qícái 뛰어난 재능, 기재 / 奇怪 qíguài 기괴하다, 괴상하다

奇奇奇奇奇奇奇奇

桥
(橋)
다리 교
10画 · 木部

qiáo 다리
桥梁 qiáoliáng 다리, 교량 / 石桥 shíqiáo 돌다리

桥桥桥桥桥桥桥桥桥桥

切
끊을 절
4画 · 刀部

qiē / qiè 자르다, 들어맞다, 부합되다
切断 qiēduàn 절단하다, 끊다 / **亲切** qīnqiè 친절하다, 다정하다

切切切切切

且
또 차
5画 · 一部

qiě 잠깐, 더욱이
而且 érqiě 게다가 / **暂且** zànqiě 잠시, 잠깐

且且且且且

青
푸를 청
8画 · 青部

qīng 푸르다
青菜 qīngcài 야채 / **青天** qīngtiān 푸른 하늘

青青青青青青青青

秋
(＊鞦)
가을 추
9画 · 禾部

qiū 가을, 그네
秋风 qiūfēng 가을바람, 추풍 / **秋千** qiūqiān 그네

秋秋秋秋秋秋秋秋秋

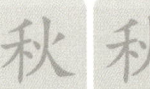   

区
(區)
지경 구
4画 · 匚部

qū 지대, 구분하다
区别 qūbié 구별하다, 식별하다 / **区域** qūyù 구역

区区区区

权(權)

권세 권
6画 · 木部

quán 권리, 권세

权利 quánlì 권리 / 权力 quánlì 권력

权权权权权权

确(確)

굳을 확
12画 · 石部

què 굳다, 확실하다

确认 quèrèn 확인(하다) / 的确 díquè 정말, 참으로, 확실히

确确确确确确确确确确确确

群

무리 군
13画 · 羊部

qún 무리

群众 qúnzhòng 군중 / 群岛 qúndǎo 군도

群群群群群群群群群群群群群

忍

참을 인
7画 · 心部

rěn 참다

忍不住 rěnbuzhù 참을 수 없다 / 忍耐 rěnnài 인내(하다)

忍忍忍忍忍忍忍

任

맡길 임
6画 · 亻部

rèn 맡기다, ~을 막론하고

任务 rènwù 임무 / 任何 rènhé 어떠한 ~라도

任任任任任任

柔
부드러울 유
9画 · 矛部

róu 부드럽다

柔和 róuhé 연하고 부드럽다 / 温柔 wēnróu 따뜻하고 상냥하다

 柔柔柔柔柔柔柔柔柔

如
같을 여
6画 · 女部

rú ~와 같다, 만약 ~라면

如果 rúguǒ 만약 ~라면 / 如何 rúhé 어떠냐, 어떠한가

如如如如如如

若
만약 약
8画 · 艹部

ruò 만약 ~라면

若不然 ruòbùrán 만일 그렇지 않으면 / 若是 ruòshì 만약 ~한다면

若若若若若若若若

赛
(賽)
굿 새
14画 · 宀部

sài 경쟁하다, 겨루다, 필적하다

足球赛 zúqiúsài 축구 경기 / 比赛 bǐsài 시합

赛赛赛赛赛赛赛赛赛赛赛赛赛赛

设
(設)
베풀 설
6画 · 讠部

shè 설치하다

设备 shèbèi 설비(하다) / 设想 shèxiǎng 상상, 구상

设设设设设设

社
모일 사
7画·衤部

shè 조직, 단체
社会 shèhuì 사회 / 报社 bàoshè 신문사

社社社社社社社

深
깊을 심
11画·氵部

shēn 깊다
深刻 shēnkè (감정·도리 등이) 깊다 / 深入 shēnrù 깊이 파고들다, 철저하다

深深深深深深深深深深深

胜
(勝)
이길 승
9画·月部

shèng 이기다
胜利 shènglì 승리(하다) / 胜于 shèngyú ~보다 낫다

胜胜胜胜胜胜胜胜胜

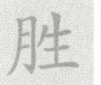

石
돌 석
5画·石部

shí 돌
石头 shítou 돌, (가위바위보의) 바위 / 石油 shíyóu 석유

石石石石石

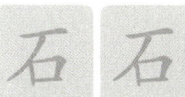

史
역사 사
5画·丿部

shǐ 역사
史实 shǐshí 역사적 사실 / 历史 lìshǐ 역사

史史史史史

世

세상 세
5画 · 一部

shì 시대

世代 shìdài 세대 / 世界 shìjiè 세계

世世世世世

| 世 | 世 | | | | | |

市

저자 시
5画 · 亠部

shì 저자, 시장

市场 shìchǎng 시장 / 都市 dūshì 도시

市市市市市

| 市 | 市 | | | | | |

适 (適)

맞을 적
9画 · 辶部

shì 알맞다

适应 shìyìng 적응하다 / 适于 shìyú ~에 알맞다

适适适适适适适适适

| 适 | 适 | | | | | |

收

거둘 수
6画 · 攵部

shōu 받다, 보존하다

收集 shōují 모으다, 수집하다 / 收入 shōurù 수입

收收收收收收

| 收 | 收 | | | | | |

受

받을 수
8画 · 又部

shòu 받다

受害 shòuhài 피해를 당하다, 손해를 입다 / 受苦 shòukǔ 고통을 받다

受受受受受受受受

| 受 | 受 | | | | | |

售
팔 수
11画 · 佳部

shòu 판매하다

售票 shòupiào 표를 팔다, 매표하다 / 零售 língshòu 소매(하다)

售 售

术
(術)
꾀 술
5画 · 木部

shù 기술

美术 měishù 미술 / 手术 shǒushù 수술

术术术术术

术 术

树
(樹)
나무 수
9画 · 木部

shù 나무

树立 shùlì 세우다, 수립하다, 확립하다 / 树木 shùmù 나무

树 树

双
(雙)
쌍 쌍
4画 · 又部

shuāng 두 개, 한 쌍

双手 shuāngshǒu 양손 / 双方 shuāngfāng 쌍방, 양쪽

双 双 双 双

双 双

似
같을 사
6画 · 亻部

sì 비슷하다, 마치 ~와 같다

似乎 sìhu 마치 ~인 듯하다 / 相似 xiāngsì 서로 비슷하다, 닮다

似似似似似似

似 似

俗

풍속 속

9画 · 亻部

sú 풍속

民俗 mínsú 민속 / 通俗 tōngsú 통속적이다

俗俗俗俗俗俗俗俗俗

宿

잘 숙

11画 · 宀部

sù 묵다, 숙박하다

宿舍 sùshè 기숙사 / 住宿 zhùsù 묵다, 숙박하다

宿宿宿宿宿宿宿宿宿宿宿

算

셈할 산

14画 · 竹部

suàn 계산하다, 계획하다

算账 suànzhàng 계산하다, 끝장을 내다 / 打算 dǎsuan 계획하다, ~하려고 하다

算算算算算算算算算算算算算算

台
（颱·臺·檯）

대 대

5画 · 厶部

tái 무대, 탁자, 태풍

讲台 jiǎngtái 강단 / 台风 táifēng 태풍

台台台台台

调
（調）

고를 조

10画 · 讠部

tiáo / diào 조절하다, 조사하다

调和 tiáohé 어울리다, 조화롭다 / 调节 tiáojié 조절(하다)

调调调调调调调调调调

厅 (廳)
관청 청
4画 · 厂部

tīng 큰 방, 홀
歌厅 gētīng 노래방 / 客厅 kètīng 거실, 응접실

厅厅厅厅

统 (統)
거느릴 통
9画 · 纟部

tǒng 계통, 거느리다
统一 tǒngyī 통일(하다) / 传统 chuántǒng 전통

统统统统统统统统统

投
던질 투
7画 · 扌部

tóu 던지다
投入 tóurù 투입하다, 넣다 / 投资 tóuzī 투자(하다), 투자금

投投投投投投投

团 (團)
둥글 단
6画 · 口部

tuán 둥글다, 한자리에 모이다
集团 jítuán 집단 / 团结 tuánjié 단결(하다)

团团团团团团

推
밀 추
11画 · 扌部

tuī 밀다, 추측하다
推测 tuīcè 추측하다, 헤아리다 / 推辞 tuīcí 거절하다, 사양하다

推推推推推推推推推推推

完

완전할 완
7画 · 宀部

wán 완전하다, 완비하다
完全 wánquán 완전하다, 충분하다 / 完善 wánshàn 완벽하다

亡

잃을 망
3画 · 亠部

wáng 잃다, 도망하다
亡命 wángmìng 망명하다 / 逃亡 táowáng 도망치다

未

아닐 미
5画 · 木部

wèi 아직 ~지 않다, ~이 아니다
未必 wèibì 반드시 ~한 것은 아니다 / 未来 wèilái 미래

温

따뜻할 온
12画 · 氵部

wēn 따뜻하다, 온화하다
温度 wēndù 온도 / 温和 wēnhé 따뜻하다, 온화하다

文

글월 문
4画 · 文部

wén 글자, 언어
文化 wénhuà 문화 / 文明 wénmíng 문명

 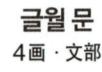      

务
(務)

힘쓸 무
5画 · 力部

wù 일, 힘쓰다

任务 rènwù 임무 / 服务 fúwù 서비스, 복무

务务务务务

希

바랄 희
7画 · 巾部

xī 바라다, 희망하다

希望 xīwàng 희망하다, 바라다 / 希腊 Xīlà 그리스

希希希希希希希

细
(細)

가늘 세
8画 · 纟部

xì 가늘다

细小 xìxiǎo 사소하다, 아주 작다 / 细心 xìxīn 세심하다, 주의 깊다

细细细细细细细细

夏

여름 하
10画 · 夂部

xià 여름

夏季 xiàjì 여름(철), 하계 / 夏天 xiàtiān 여름

夏夏夏夏夏夏夏夏夏夏

相

서로 상
9画 · 木部

xiāng / xiàng 서로, 외모, 생김새

相信 xiāngxìn 믿다, 신임하다 / 相貌 xiàngmào 용모, 외모

相相相相相相相相相

189

香
향기 향
9画·香部

xiāng 향기롭다
香水 xiāngshuǐ 향수 / 香烟 xiāngyān 담배

香香香香香香香香香

响
(響)
울릴 향
9画·口部

xiǎng 울리다
响亮 xiǎngliàng (소리가) 우렁차다 / 响应 xiǎngyìng 호응(하다), 응답(하다)

响响响响响响响响响

向
(*嚮)
방향 향
6画·口部

xiàng ~을 향하다, 지금까지, 여태껏, 방향, 가까워지다
向来 xiànglái 본래부터, 줄곧 / 风向 fēngxiàng 풍향

向向向向向向

像
모양 상
13画·亻部

xiàng 닮다, 비슷하다, 상, 본뜬 형상
好像 hǎoxiàng 마치 ~와 같다 / 像样 xiàngyàng 어떤 수준에 도달하다

像像像像像像像像像像

消
사라질 소
10画·氵部

xiāo 사라지다
消费 xiāofèi 소비(하다) / 取消 qǔxiāo 취소하다, 없애다, 제거하다

消消消消消消消消消消

效

본받을 효
10画 · 攵部

xiào 효과, 효율

效果 xiàoguǒ 효과 / 效力 xiàolì 효력

效效效效效效效效效效

效 效

协
(協)

화할 협
6画 · 十部

xié 어울리다

协同 xiétóng 협동하다 / 协助 xiézhù 협조하다

协协协协协协

协 协

形

모양 형
7画 · 彡部

xíng 모양

形成 xíngchéng 형성하다, 이루다, 구성하다 / 地形 dìxíng 땅의 형세, 지형

形形形形形形形

形 形

型

거푸집 형
9画 · 土部

xíng 모형, 유형

模型 móxíng 모형 / 血型 xuèxíng 혈액형

型型型型型型型型型

型 型

修

닦을 수
9画 · 亻部

xiū 고치다

修改 xiūgǎi 수정하다, 바로잡아 고치다/ 修理 xiūlǐ 고치다, 수리하다

修修修修修修修修修

修 修

许 (許)
허락할 허
6画 · 讠部

xǔ 승낙하다, 혹시, 대단히

许多 xǔduō 대단히 많다, 허다하다 / 允许 yǔnxǔ 허가하다, 윤허하다

许许许许许许

续 (續)
이을 속
11画 · 纟部

xù 계속하다

继续 jìxù 계속하다 / 持续 chíxù 계속 유지하다, 지속하다

续续续续续续续续续续续

压 (壓)
누를 압
6画 · 厂部

yā 누르다

压制 yāzhì 억압(하다), 제압(하다) / 高压 gāoyā 고압, 고혈압, 고기압

压压压压压压

呀
입 벌릴 하
7画 · 口部

yā / ya (감탄사) 아, 야, 문장 끝에 쓰여 어세를 돕는 어기조사

呀, 下雪了! Yā, xiàxuě le! 아, 눈이다! / 快来呀. Kuài lái ya. 빨리 와.

呀呀呀呀呀呀呀

严 (嚴)
엄할 엄
7画 · 一部

yán 엄하다, 무겁다

严格 yángé 엄격하다 / 严重 yánzhòng 중대하다, 심각하다

严严严严严严严

研
갈 연
9画 · 石部

yán 연구하다

研究 yánjiū 연구(하다) / 研究生 yánjiūshēng 대학원생

研 研 研 研 研 研 研 研 研

研 研

洋
바다 양
9画 · 氵部

yáng 큰 바다, 현대적인 것, 서구적인 것

洋式 yángshì 서양식(의), 근대식(의) / 洋洋 yángyáng 가득하다, 끝없이 넓다

洋 洋 洋 洋 洋 洋 洋 洋 洋

洋 洋

养
(養)
기를 양
9画 · ソ部

yǎng 양육하다, 부양하다

养活 yǎnghuó 부양하다, 먹여 살리다 / 休养 xiūyǎng 요양(하다), 휴양(하다)

养 养 养 养 养 养 养 养 养

养 养

爷
(爺)
아비 야
6画 · 父部

yé 아버지, 조부

老爷 lǎoyé 나리, 어르신 / 爷爷 yéye 할아버지

爷 爷 爷 爷 爷 爷

爷 爷

叶
(葉)
잎 엽
5画 · 口部

yè 잎

叶子 yèzi (식물의) 잎 / 树叶 shùyè 나뭇잎

叶 叶 叶 叶 叶

叶 叶

夜
밤 야
8画 · 亠部

yè 밤
夜景 yèjǐng 야경 / 黑夜 hēiyè 캄캄한 밤

夜夜夜夜夜夜夜夜

已
이미 이
3画 · 己部

yǐ 이미
已经 yǐjīng 이미, 벌써 / 已往 yǐwǎng 이전, 과거

已已已

已 已

艺
(藝)
재주 예
4画 · 艹部

yì 재주
艺人 yìrén 예술인, 연예인 / 艺术 yìshù 예술, 기술

艺艺艺艺

艺 艺

议
(議)
의논할 의
5画 · 讠部

yì 논의하다
议案 yì'àn 안건, 의안 / 建议 jiànyì 건의(하다)

议议议议议

议 议

阴
(陰)
그늘 음
6画 · 左阝部

yīn 그늘
阴天 yīntiān 흐린 날씨, 흐린 하늘 / 阴郁 yīnyù 우울하다, 울적하다

阴阴阴阴阴阴

阴 阴

引
당길 인
4画 · 弓部

yǐn 당기다, 인용하다

引起 yǐnqǐ 주의를 끌다, 야기하다 / 引用 yǐnyòng 인용하다

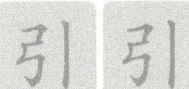

饮 (飮)
마실 음
7画 · 饣部

yǐn 마시다

饮料 yǐnliào 음료 / 饮水 yǐnshuǐ 식수, 먹는 물

 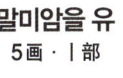

由
말미암을 유
5画 · 丨部

yóu ~때문에, ~로부터

由此 yóucǐ 이로써, 여기에서, 여기로부터 / 理由 lǐyóu 이유

右
오른 우
5画 · 口部

yòu 오른쪽

右边 yòubian 오른쪽, 우측 / 右手 yòushǒu 오른손

育
기를 육
8画 · 月部

yù 양육하다, 기르다

教育 jiàoyù 교육(하다) / 生育 shēngyù 출산(하다), 낳아 기르다

原

근원 원
10画·厂部

yuán 처음의, 원래의, 근원

原本 yuánběn 원본, 판본 / 原料 yuánliào 원료, 소재

原原原原原原原原原原

愿
(願)

바랄 원
14画·心部

yuàn 원하다, 바라다, 희망, 소원

愿望 yuànwàng 염원, 소원, 바람 / 愿意 yuànyì 희망하다, 바라다

愿愿愿愿愿愿愿愿愿愿愿愿愿愿

越

넘을 월
12画·走部

yuè 넘다, 더욱더

越界 yuèjiè 한계를 넘다, 도를 넘다 / 越来越 yuè lái yuè 점점, 더욱더

越越越越越越越越越越越越

则
(則)

법칙 칙
6画·刂部

zé 규칙

否则 fǒuzé 만약 그렇지 않으면 / 规则 guīzé 규칙

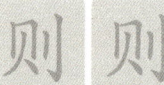则则则则则则

责
(責)

꾸짖을 책
8画·贝部

zé 책임, 책망하다

责备 zébèi 비난하다, 책망하다 / 负责 fùzé 책임지다, 책임감이 강하다

责责责责责责责责

曾
일찍 증
12画 · ソ部

zēng / céng 두 세대의 항렬, 일찍이
曾孙 zēngsūn 증손 / 曾经 céngjīng 이미, 일찍이

曾曾曾曾曾曾曾曾曾曾曾曾

增
더할 증
15画 · 土

zēng 더해지다
增多 zēngduō 많아지다, 증가하다 / 增加 zēngjiā 증가하다, 더하다, 늘리다

增增增增增增增增增增增增增增增

战
(戰)
싸울 전
9画 · 戈部

zhàn 싸움, 싸우다, 투쟁하다
战略 zhànlüè 전략 / 战争 zhànzhēng 전쟁

战战战战战战战战战

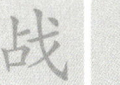

照
비칠 조
13画 · 灬部

zhào 비치다, 촬영하다
照相 zhàoxiàng 사진(을 찍다) / 护照 hùzhào 여권

照照照照照照照照照照照照照

争
다툴 쟁
6画 · 亅部

zhēng 다투다
争吵 zhēngchǎo 말다툼하다 / 争取 zhēngqǔ 쟁취하다, 획득하다, 이루다

争争争争争争

整

가지런할 정

16画 · 攵部

zhěng 온전하다, 가지런하다, 정리하다

整个 zhěnggè 전체(이다), 전부(이다) / **整理** zhěnglǐ 정돈하다, 정리하다

证
(證)

증명할 증

7画 · 讠部

zhèng 증거, 증명하다

证明 zhèngmíng 증명(하다) / **证书** zhèngshū 증명서

之

갈 지

3画 · 丶部

zhī 이르다, ~의

之后 zhīhòu ~후, ~뒤 / **之间** zhījiān ~사이에

支

가지 지

4画 · 支部

zhī 버티다, 지급하다

支持 zhīchí 지지하다, 지탱하다 / **支付** zhīfù 지불(하다)

织
(織)

짤 직

8画 · 纟部

zhī 짜다, 엮다

织品 zhīpǐn 직물 / **编织** biānzhī 짜다, 뜨개질하다

直
곧을 직
8画 · 十部

zhí 꼿꼿하다, 곧장

直立 zhílì 똑바로 서다, 직립하다 / **直**达 zhídá 곧바로 가다, 직통하다

职
(職)
직분 직
11画 · 耳部

zhí 직분, 직업

职业 zhíyè 직업 / **职**员 zhíyuán 직원

纸
(紙)
종이 지
7画 · 纟部

zhǐ 종이

报**纸** bàozhǐ 신문 / **纸**钱 zhǐqián (제사 때 태우는) 종이돈

终
(終)
마칠 종
8画 · 纟部

zhōng 끝나다

终究 zhōngjiū 결국, 필경 / **终**于 zhōngyú 결국, 마침내

众
(眾)
무리 중
6画 · 人部

zhòng 많은 사람

众人 zhòngrén 많은 사람, 여러 사람 / 群**众** qúnzhòng 군중

洲
섬 주
9画 · 氵部

zhōu 대륙, 섬

亚洲 Yàzhōu 아시아 / 欧洲 Ōuzhōu 유럽

洲洲洲洲洲洲洲洲洲

助
도울 조
7画 · 力部

zhù 협력하다, 돕다

帮助 bāngzhù 돕다, 도와주다 / 助手 zhùshǒu 조수

助助助助助助助

注
물댈 주
8画 · 氵部

zhù 주입하다, 집중하다

注意 zhùyì 유의하다, 주의하다 / 注重 zhùzhòng 중시하다

注注注注注注注注

著
분명할 저
11画 · 艹部

zhù 현저하다

著称 zhùchēng 이름이 나다, 유명하다 / 著名 zhùmíng 저명하다, 유명하다

著著著著著著著著著著著

转
(轉)
구를 전
8画 · 车部

zhuǎn / zhuàn 전하다, 바뀌다, 돌리다

转达 zhuǎndá (말을) 전달하다 / 转动 zhuǎndòng 방향을 바꾸다

转转转转转转转转

装 (裝) **꾸밀 장** 12画·衣部	### zhuāng 복장, 설치하다 裝配 zhuāngpèi 조립하다, 맞추다 / 服裝 fúzhuāng 복장 装 装 装 装 装 装 装 装 装 装 装 装

准 (*準) **법도 준** 10画·冫部	### zhǔn 허락하다, 정확하다 准许 zhǔnxǔ 허가하다, 허락하다 / 准备 zhǔnbèi 준비하다 准 准 准 准 准 准 准 准 准 准 

总 (總) **거느릴 총** 9画·丷部	### zǒng 늘, 총괄하다 总合 zǒnghé 총합하다, 종합하다 / 总经理 zǒngjīnglǐ 사장 总 总 总 总 总 总 总 总 总

组 (組) **짤 조** 8画·纟部	### zǔ 조직하다, 그룹 组成 zǔchéng 조직하다, 구성하다 / 组织 zǔzhī 조직(하다), 결성하다 组 组 组 组 组 组 组 组 

祖 **선조 조** 9画·礻部	### zǔ 조부, 선조, 조상 祖母 zǔmǔ 조모 / 祖先 zǔxiān 선조, 조상 祖 祖 祖 祖 祖 祖 祖 祖 祖 祖 祖

昨

어제 작
9画 · 日部

zuó 어제, 이전

昨天 zuótiān 어제 / **昨**晚 zuówǎn 어제 저녁

昨	昨